Käthe Kollwitz – Meisterwerke

Mit ihrer Kunst wollte Käthe Kollwitz (1867–1945) die Menschen erreichen, sie direkt ansprechen, an ihr Gewissen rühren. »Ich will wirken in dieser Zeit«, hatte sie sich an einem Wendepunkt ihrer künstlerischen Entwicklung zum Ziel gesetzt. Gegen die Tendenzen der zeitgenössischen Avantgarde-Kunst blieb sie gegenständlich, das heißt für alle verständlich, und sicherte ihrem Werk mit der Entscheidung für die knappe, deutliche Sprache der Graphik eine Breitenwirkung, die ihre eigenen Erwartungen weit übertreffen sollte. Käthe Kollwitz wurde zur wohl populärsten Künstlerin des 20. Jahrhunderts. Ihr Name steht für den Kampf gegen soziale Ungerechtigkeit mit den Mitteln der Kunst, und ihre eindringlichen, unsentimentalen Bilder menschlichen Elends und Leidens sind weltweit zu Ikonen eines engagierten Humanismus geworden. Unser Band gibt mit achtundvierzig ausgewählten Beispielen aus ihrem graphischen, zeichnerischen und bildhauerischen Werk einen Einblick in die Vielschichtigkeit und die hohe künstlerische Qualität von Käthe Kollwitz' Schaffen. Den einführenden Essay verfaßte Werner Timm, Leiter der Ostdeutschen Galerie in Regensburg.

112 Seiten, 48 Tafeln in Farbe und Duotone

Käthe Kollwitz

Meisterwerke

Mit einem Text von
Werner Timm

Schirmer / Mosel

Photonachweis:
Jörg P. Anders, Berlin: Tafel 22; Archiv für Kunst und Geschichte, Berlin: Tafeln 46, 47; © 1993 by The Art Institute of Chicago: Tafel 3 (Titelbild); © by British Museum: Tafel 19; Foto-Studio Büttner, Bielefeld: Tafel 34; Elke Estel, Staatliche Kunstsammlungen Dresden: Tafeln 6, 9, 24; Gerstenberger, Museum der bildenden Künste Leipzig: Tafel 25; © by Rheinisches Bildarchiv Köln: Tafeln 1, 37, 48; Käthe Kollwitz Museum Köln: Abb. 10; Wolfram Schmidt, Regensburg: Tafel 38, 41, 42; Lee Stalsworth: Tafel 45; Elke Walford, Fotowerkstatt Hamburger Kunsthalle: Tafeln 8, 20, 21, 23.

Abbildung auf dem Umschlag:
Käthe Kollwitz, *Selbstbildnis*, 1891/92
Feder und Pinsel, weiß gehöht, 40 x 32 cm
Art Institute of Chicago

Lithographie: Bayermedia, München
Satz: Typ-O-Graph, München
Druck und Bindung: DZS Grafik, Ljubljana

ISBN 978-3-8296-1014-8

Eine Schirmer/Mosel Produktion

Inhalt

Werner Timm

»Ich will wirken in dieser Zeit«

München 1888: Ort und Zeit der Selbstfindung der jungen einundzwanzigjährigen Künstlerin Käthe Schmidt. Noch 1941, im »Rückblick auf frühere Zeit«, erinnert sich die Künstlerin lebhaft an diesen Durchbruch zu ihrem persönlichen engagierten Stil: »Es gab eine Vereinigung, die einige Mädchen unserer Klasse zusammenführte . . . Für diese Abende wurde ein Thema gestellt. So besinne ich mich auf das Thema ‚Kampf'. Ich wählte die Szene aus Germinal, wo in dem verrauchten Lokal um die junge Kathrin von zwei Männern gekämpft wird. Die Komposition wurde anerkannt. Zum erstenmal fühlte ich mich bestätigt auf meinem Wege, große Perspektiven öffneten sich meiner Phantasie, und die Nacht war schlaflos vor Glückserwartungen.«[1]

Wie diese junge Künstlerin aussah, zeigt uns ein hier am Anfang stehendes Selbstbildnis von 1889 (Taf. 1), noch mit dem Mädchennamen Schmidt signiert. In diesem Jahr war sie zweiundzwanzig Jahre alt. Von früh an bis in die letzten Jahre hat sich Käthe Kollwitz immer wieder selbst portraitiert, eine stille Selbstbefragung, ein Sichstellen, oft kritisches Sichbetrachten, Bewußtwerden der jeweiligen Lebensposition, das der ständigen Wiederholung bedurfte. Die lange Reihe ihrer Selbstbildnisse bildet für sich allein betrachtet eine bewundernswerte künstlerische Leistung von hohem Rang, in Zeichnung, Radierung, Lithographie, Holzschnitt und Plastik. Selbstbildnisse, die nicht nur Leben und Persönlichkeit der Künstlerin widerspiegeln, sondern darüber hinausgehend etwas aussagen über die bewegte Zeit, in der sie lebte.

Mit der ihr eigenen Beharrlichkeit hat Käthe Kollwitz den in München eingeschlagenen Weg verfolgt. Es war nicht der Blitz der Erleuchtung,

der die angehende Künstlerin plötzlich in München traf. Ihre von Anfang so außergewöhnlich aufgeschlossene Einstellung verdankt sie einem ebenso außergewöhnlichen Elternhaus und den Jugendeindrücken in Königsberg, wo sie 1867 geboren wurde.
Die großzügig von den Eltern tolerierten Streifzüge mit ihrer Schwester Lise durch das alte Königsberg brachten sie schon als junges Mädchen auf ganz zwanglose Weise in Kontakt mit dem arbeitenden Proletariat. »Wenn meine späteren Arbeiten durch eine ganze Periode nur aus der Arbeiterwelt schöpften, so liegt der Grund dazu in jenen Streifereien durch die enge, arbeiterreiche Handelsstadt.«[2] Vor allem aber war es das Vorbild des Vaters und des Großvaters Rupp, das sie stark beeinflußte. Der Vater Carl Schmidt mußte seine juristische Laufbahn wegen seiner Zugehörigkeit zur »Freien Gemeinde« aufgeben, erlernte daraufhin das Maurerhandwerk und betrieb ein Baugeschäft. Mit seinem Sohn Conrad, dem Bruder der Käthe Schmidt, der in London in Kontakt mit Friedrich Engels stand und später als Redakteur am *Vorwärts* in Berlin tätig war, trat er 1887 der SPD bei. Für Käthe Kollwitz war ihr Vater der »Hinüberführer zum Sozialismus, Sozialismus verstanden als ersehnte Brüderschaft der Mennschheit. Hinter dem aber stand Rupp, die Persönlichkeit in der Beziehung nicht zur Menschheit, sondern zu Gott. Der religiöse Mensch.« Der Großvater Julius Rupp war eine imponierende Persönlichkeit, Theologe, Gymnasiallehrer, Divisionspfarrer, Universitätslehrer. 1845 verlor er wegen seiner aufrechten Gesinnung alle Ämter. 1846 gründete er in Königsberg die erste »Freie evangelisch-katholische Gemeinde« in Deutschland. 1848 hielt er eine flammende Rede auf die Märzgefallenen. Auf seinem Denkmal in Königsberg, für das Käthe Kollwitz als ihre erste plastische Arbeit ein Bronzerelief mit seinem Portrait schuf, steht die wohl einzige im russischen Kaliningrad erhaltene deutsche Inschrift, ein Leitsatz des Julius Rupp, von kantischem Ethos erfüllt: »Wer nach der Wahrheit, die er bekennt, nicht lebt, ist der gefährlichste Feind der Wahrheit selbst.« Andere Anregungen kamen aus der Literatur der Zeit. Dazu zählte der Dichter Ferdinand Freiligrath. Sein Gedicht *Die Auswanderer* hat Käthe Schmidt schon in Königsberg zu einer Zeichnung angeregt. Dann wurde Zola, dessen aufsehenerregender Bergar-

beiterroman *Germinal* 1885 in deutscher Sprache erschienen war, zu ihrem Vorbild.

Als Käthe Schmidt von München nach Königsberg zurückkehrte, faßte sie »den großen Plan, ein Bild zu malen, die Streitscene aus dem Germinal, die ich in München als Kohleskizze gemacht hatte. Und ging dann auch wacker daran. Bin aber doch stecken geblieben. Bis zum Frühjahr kann ich das Bild nicht mehr malen, in Berlin kann ich es nicht fortsetzen, also mach ich alle Vorstudien, die ich dazu brauche und radiere das Ganze, wenn ich erst mehr Übung im Radieren habe. Mit diesen Vorarbeiten bin ich jetzt fast fertig. Ein ganz famoses Lokal, worin die Scene spielen kann, hab ich ausfindig gemacht. Es ist eine wahre Mördergrube, wo Matrosen verkehren, ein wüstes Tanzlokal. Abends ist ein riesiger Spektakel drin. Ich hab mich mit dem Wirth angefreundet und am Vormittag, wenn der Saal leer ist, zeichne ich dort, mit Zittern und Zagen.«[3] Zwei Interieurstudien blieben nachweisbar. In der *Szene aus »Germinal«* (Taf. 5) von 1891 ist dieses Lokal wiedergegeben.

Die Heirat 1891 mit dem Arzt Dr. Karl Kollwitz und der bevorstehende Umzug nach Berlin waren für Käthe Kollwitz der äußere Anlaß, die Malerei ganz aufzugeben – Malerin zu werden war bis hierher ihr erstrebtes Ziel gewesen – und sich der Graphik zuzuwenden. In Schnellkursen eignete sie sich noch in Königsberg die elementaren Grundkenntnisse der Technik an. Tatsächlich beendete Käthe Kollwitz 1893 in Berlin die Arbeit an zwei Radierungen mit dem in Königsberg ausgearbeiteten *Germinal*-Motiv. Immerhin handelte es sich dabei schon um die 20. und 21. Radierung ihres graphischen Œuvres. Dann verdrängt 1893 in Berlin ein neues, stärkeres Erlebnis Zola, nämlich die Uraufführung von Gerhart Hauptmanns *Die Weber:* »Der Eindruck war gewaltig. . . Diese Aufführung bedeutete einen Markstein in meiner Arbeit. Die begonnene Folge zu Germinal ließ ich liegen und machte mich an die Weber. . .«[4] Zur künstlerischen Auseinandersetzung mit Hauptmanns Drama wählte Käthe Kollwitz den graphischen Zyklus, dem Vorbild von Max Klinger nacheifernd, dessen Zyklus *Ein Leben* sie »ungeheuer erregt« hatte. Bis 1897 entstehen sechs Blätter, uneinheitlich in der Technik, erst drei Lithographien, dann Radierungen, weil die Anfängerin in der Graphik im-

mer noch mit der Technik zu kämpfen hatte. Dramaturgisch entwarf Käthe Kollwitz die Bildfolge: als Exposition wird die hoffnungslose Situation der arbeitslosen schlesischen Weber gezeigt, Not und Tod, dann der verzweifelte Aufstand und das tragische Ende. In zahlreichen Vorstudien, Detailzeichnungen und Kompositionsentwürfen hat Käthe Kollwitz Blatt für Blatt überaus gewissenhaft vorbereitet. Die abgeschlossene Komposition für das letzte Blatt, die Radierung *Ende,* zeigt eine Zeichnung in Feder und schwarzer Tusche, ein düsteres Interieur (Abb. 1). Tote Weber liegen vor dem Webstuhl am Boden, ein Toter wird gerade hinausgetragen. Die beiden Frauengestalten im Bild findet man am Rand zur Verdeutlichung noch einmal wiederholt. Im Druck erschien dann die ganze Komposition seitenverkehrt.
Der Zyklus *Ein Weberaufstand* sollte ursprünglich mit einem zusammenfassenden allegorischen Blatt abgeschlossen werden, das wegen des Widerspruchs zum Realismus der übrigen Blätter schon von der zeitgenössischen Kritik als »irrender Seitensprung« betrachtet wurde. Mit diesem Blatt in engem Zusammenhang steht die Komposition *Das Leben* (Abb. 2). Dafür schien Käthe Kollwitz das Triptychon am geeignetsten,

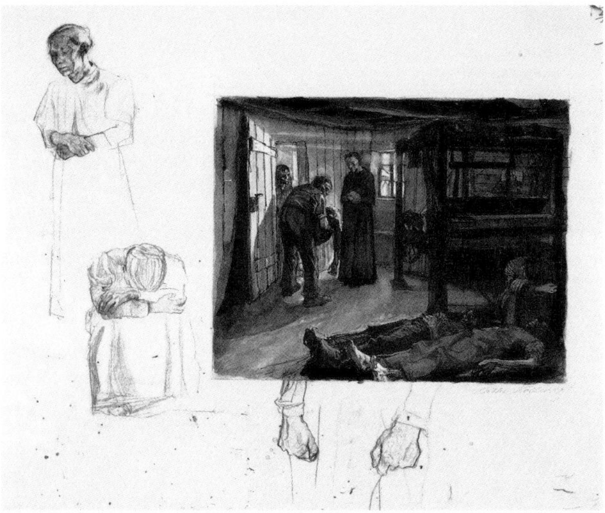

1 *Ende,* 1897
Studie zu Blatt 6
der Folge *Ein Weberaufstand*
Staatliche Kunstsammlungen
Dresden

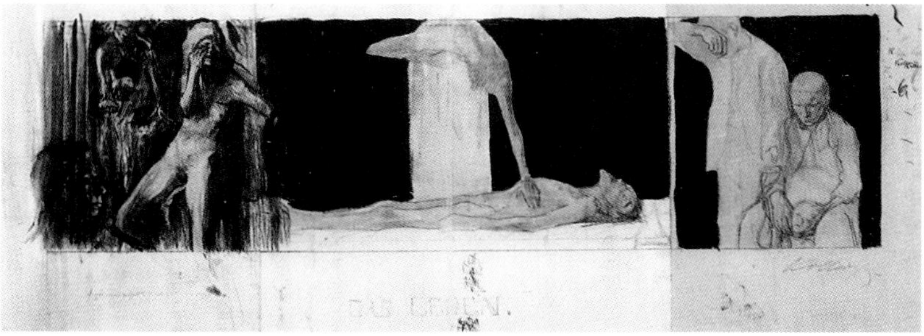

2 *Das Leben,* 1900, Graphische Sammlung, Staatsgalerie Stuttgart

sicher nicht zufällig damit an das in der christlichen Kunst viel benutzte dreiteilige Altarbild anknüpfend. Wie bei dem erwähnten Schlußblatt zu den Webern, *Aus vielen Wunden blutest du o Volk* von 1896 (Klipstein* 29), zeigt das Mittelfeld eine weibliche Gestalt (mit Heiligenschein bei einer Vorzeichnung!), die sich zu einem ausgestreckt liegenden Toten niederbeugt und diesen mit der Hand berührt. Im linken Teil gewahrt man zwei allegorische nackte Frauengestalten, Not und Schande der armen Frau verkörpernd. In Solidarität mit diesen Frauen und gleichzeitig als Künstlerportrait fügte Käthe Kollwitz ihren Kopf, im Profil gesehen, hinzu. Zu diesem Selbstbildnis existiert eine vorbereitende ausdrucksvolle Zeichnung mit Feder und Pinsel in Tusche. Im rechten Teil ist jedoch eine Szene aus der Wirklichkeit des proletarischen Lebens wiedergegeben: der verzweifelte Mann mit dem Strick zum Aufhängen in der Hand und die sitzende Mutter mit dem Kopf ihres Kindes in den Händen. Für dieses Detail, den Kinderkopf in den behütenden Händen der Mutter, existiert eine empfindsame, zarte Zeichnung, die man zu den ergreifendsten zählen kann, die Käthe Kollwitz schuf (Taf. 9). Die ganze Komposition fand für die Radierung *Zertretene* (Taf. 10, Klipstein 48) von 1900 Verwendung, die der Künstlerin aber bald mißfiel, so daß sie kurzerhand die beiden allegorischen Teile abschnitt: »Von den ‚Zertretenen' lieb ich nur noch den linken Teil, wo der Mann der Frau den Strick reicht, das andere ist mir jetzt fatal.«[5]

---

* August Klipstein, *Käthe Kollwitz. Verzeichnis des graphischen Werkes,* Bern 1955

3 *Junges Paar,* 1904
Staatliches Museum Schwerin,
Käthe Kollwitz-Sammlung

4 *Selbstbildnis in ganzer Figur, sitzend,* 1893
Sammlung EWK, Bern

5 *Die schwarze Anna,* 1903
Staatliche Museen zu Berlin,
Kupferstich-Kabinett

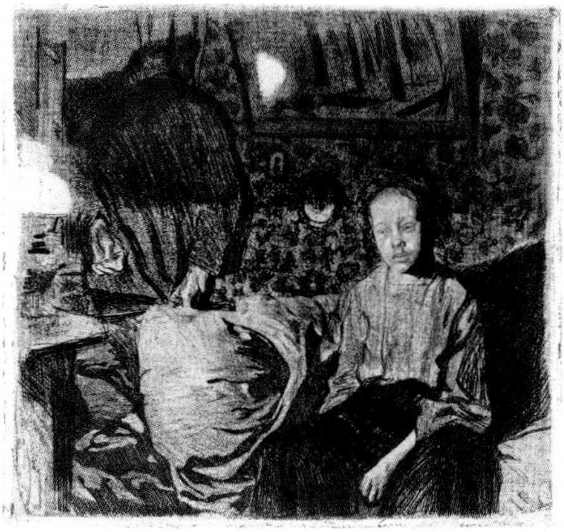

1893 gab es in Berlin noch ein weiteres spektakuläres Theaterereignis, die Aufführung von Max Halbes Liebesdrama *Jugend.* Wieder ein Stück Leben, wenngleich in literarischer Fiktion vermittelt, das Käthe Kollwitz mitriß. Sie zeichnete das zerstrittene Paar, die junge Frau in starrer Haltung auf dem Sofa, der Mann abgewandt am Fenster (Abb. 3). Eine Zeichnung zu diesem Thema zeigt eine separate Studie der Frau (Abb. 4). Etwas von der Stimmung von Edvard Munchs Bildern, die erstmalig im Jahr zuvor in Berlin zu sehen waren, ist hier zu spüren, Andeutung einer mehr auf die psychische Auslotung des Menschenlebens gerichteten künstlerischen Interpretation. Daß sie sich selbst und ihren Mann zum Modell wählte, geschah zweifellos aus rein praktischen Gründen, doch angeblich spiegelt die Szene zugleich den ersten heftigen Streit in der jungen Ehe wider, so daß sich hier Realität und literarische Fiktion überlagern.

1899 stellte sich Käthe Kollwitz einem anderen gewichtigen Thema, das wiederum mit Not, Aufstand und Zerschlagung, Tod zu tun hat, nämlich dem Bauernkrieg. Offenkundig suchte die Künstlerin aus der Not ihrer Zeit heraus, in der die Frage nach sozialer Gerechtigkeit ein brennendes aktuelles Problem darstellte, nach Paradigmen, die auf revolutionäres Aufbegehren hinwiesen. Dementsprechend zeigt die Zeichnung *Aufruhr*

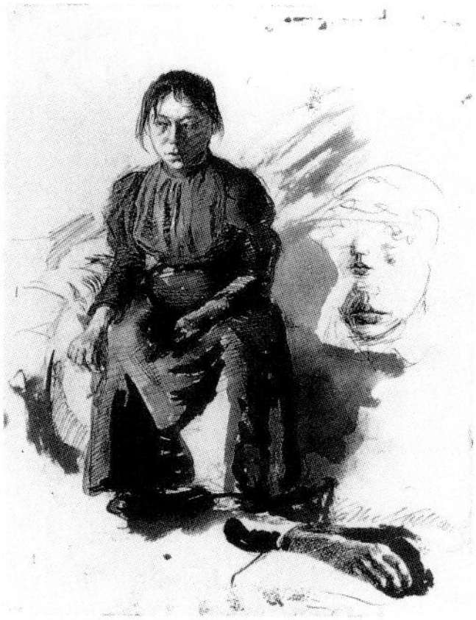 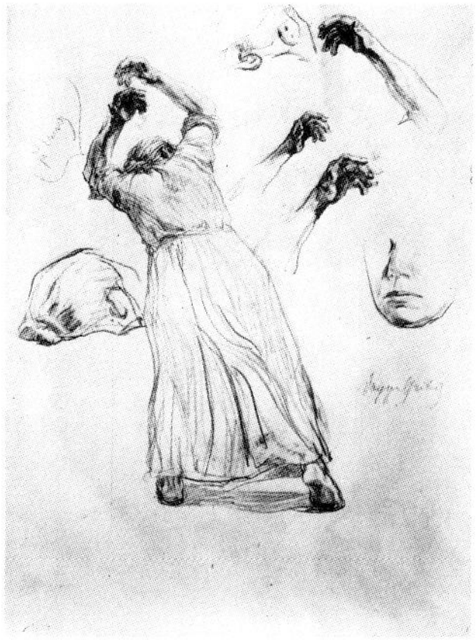

von 1899, verwendet für eine Radierung (Taf. 8, Klipstein 44), den bewaffneten Zug der Bauern mit einer symbolischen, darüber schwebenden nackten Frauengestalt, die eine Fackel in der Hand trägt, und eine brennende Ritterburg im Hintergrung. Diese Komposition leitete die intensive Beschäftigung mit dem Bauernkrieg ein. »Nachdem ich das kleine Blatt mit der darüber fliegenden Frau gemacht hatte, beschäftigte mich dasselbe Thema noch länger und ich hoffte, es einmal so darstellen zu können, daß ich damit fertig wäre.«[6] Damals las sie die Geschichte des Bauernkrieges von Wilhelm Zimmermann, in der von der schwarzen Anna berichtet wird, »einer Bäuerin, die die Bauern angetrieben hat«. Das war ein Fund ganz im Sinne von Käthe Kollwitz, hatte sie doch davon geträumt, an Revolution und Barrikadenkampf aktiv teilzunehmen. So steckt in dieser schwarzen Anna (vgl. Abb. 5), bezeichnenderweise als Rückenfigur gegeben und damit die Einfühlung, das Sichhineinversetzen erleichternd, eine imaginäre Selbstdarstellung. Gleich das erste Blatt erwies sich als genialer Wurf und als stärkstes Blatt des ganzen Zyklus *Bauernkrieg*. Aufgrund dieses meisterlichen Blattes erhielt Käthe Kollwitz von der »Verbindung für historische Kunst« den Auftrag für die ganze Folge von sieben Blättern, die 1908 als Vereinsgabe herausgegeben wurde.

Wenn Käthe Kollwitz einen Akt zeichnete, dann ging es ihr nicht darum, allein die äußere sinnliche Realität eines Körpers darzustellen, vielmehr war sie bestrebt, im wörtlichen Sinne etwas von der nackten Existenz, vom Schicksal des Menschen, meist handelte es sich um Frauen, zu offenbaren. Das ist bei dem *Sitzenden weiblichen Akt* (Taf. 14) von 1900 der Fall, kein professionelles Aktmodell, sondern der vom Leben verbrauchte Körper einer Proletarierfrau. Einen schmalen Frauenkörper mit schwach entwickelten Brüsten zeigt eine andere Studie, in die Käthe Kollwitz ihr Selbstportrait im Profil hineinzeichnete, ihr ernstes, klares Gesicht (Taf. 11).

1903 wandte sich Käthe Kollwitz, nicht ohne von dunklen Ahnungen als Mutter von zwei Kindern bewegt zu sein, einem anderen tragischen Thema zu: der *Frau mit totem Kind* (Taf. 18, 19). Ikonographisch steht dahinter das christliche Motiv der Pietà, das hier in eine aktuelle profane Realität versetzt wurde. Der Titel *Pietà* (Taf. 17) taucht sogar mehrmals im Werk der Künstlerin auf. Mutter und Kind wurden nackt dargestellt. Dadurch gewann die Gruppe etwas Urwüchsig-Elementares, fast Animalisches von großer Ausdruckskraft. Zugleich verfügt diese in sich geschlossene Gruppe über eine erstaunliche Plastizität, so daß man behaupten könnte, es sei die erste bildhauerische Konzeption der Künstlerin. Der Tod wird von Käthe Kollwitz als eine allzeit gegenwärtige dunkle Macht empfunden, Teil des Lebens, schmerzlich, unerbittlich, doch in den späteren ergreifenden Folgen *Abschied und Tod* und *Tod* auch als Erlöser vom menschlichen Elend, als Freund verstanden. Eine umfängliche Gruppe von Zeichnungen um 1909 / 1910 verdeutlicht das zähe, bohrende Ringen um die Darstellung von Tod, Mutter und Kind. Die Mutter, die das Kind innig an ihr Gesicht preßt, das ihr der Tod zu entreißen trachtet (Abb. 6), oder auch die Mutter, die der Tod packt, und das verzweifelte Kind.

Es ist immer wieder bewegend zu sehen, wie Käthe Kollwitz voll innerer Aufgewühltheit und ganz persönlicher Teilnahme die von ihr gewählten Themen gestaltete, wie sorgfältig sie sich von Studie zu Studie, von einem Entwurf zum anderen an mehr und mehr sich verdichtende Kompositionen heranarbeitete. Auf dem Wege zum Ziel bieten manche

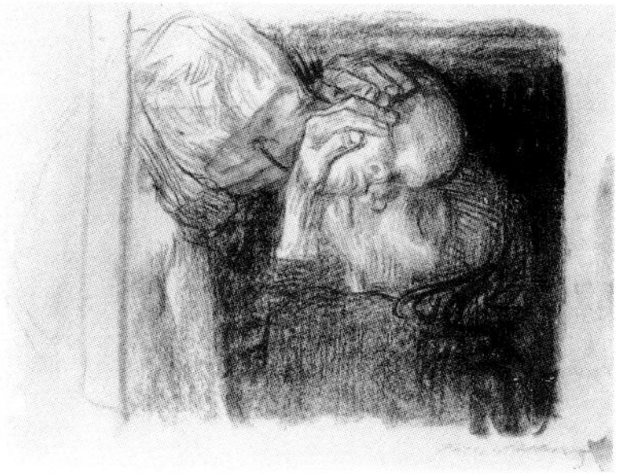

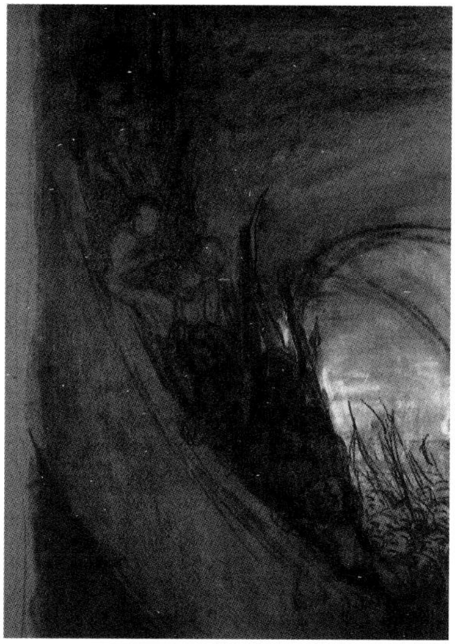

6 *Tod, Frau und Kind,* 1910
National Gallery of Art, Washington,
Rosenwald Collection

7 *Bewaffnung in einem Gewölbe,* 1906
Studie zu Blatt 4 der Folge *Bauernkrieg*
National Gallery of Art, Washington,
Rosenwald Collection

Zeichnungen in der noch ungeklärten Wucht der Darstellung nicht selten einen tieferen Eindruck als die ausgewogene Komposition der danach geschaffenen Radierung. Was für eine eindrucksvolle monumentale Frauengestalt gewahrt man beispielsweise auf der Kohlestudie zu *Die Pflüger,* dem ersten Blatt des *Bauernkrieges,* wie kraftvoll wirken die separaten Ausdrucksstudien zur Rückenfigur der schwarzen Anna, wo es um die Bewegung des ganzen Körpers geht und um die Gestik von Armen und Händen.
Die Kompositionsstudie zur *Bewaffnung im Gewölbe* ist eine meisterliche Zeichnung (Abb. 7), in der das Hinaufstürmen des Bauernhaufens auf der Wendeltreppe einer umheimlichen Strudelbewegung gleichkommt, der unaufhaltsame Sog des Aufbegehrens ist hier in der Verknappung weitaus eindringlicher erfaßt als in dem danach entstandenen prächtigen Tiefdruck, in dem die Künstlerin mittels Radierung und Vernis mou eine samtig-dunkle Flächenwirkung wie bei einem Schabkunstblatt erzielte (Klipstein 95). Von Erschütterung und Mitempfindung ist die Darstellung des nächtlichen Schlachtfeldes geprägt, mit der Mutter, die

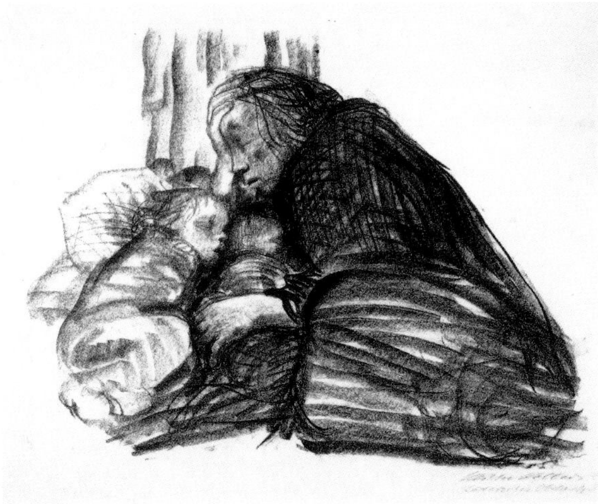

8 *Städtisches Obdach,* 1926, Privatsammlung

ihren toten Sohn findet (Taf. 24). Als Modell stand hier ihr Sohn zur Verfügung. Sieben Jahre später liegt ihr Sohn Peter tot auf dem Schlachtfeld des Ersten Weltkrieges. Wiederholt verschränkt sich im Werk von Käthe Kollwitz auf tragische Weise historisierende Thematik mit erahnter und erlebter Wirklichkeit.
Durch die Kassenarztpraxis ihres Mannes und Patienten, die hilfesuchend auch zu ihr kamen, durch viele persönliche Erlebnisse in dem Arbeiterviertel im Nordosten Berlins, wo sie wohnten, gewann Käthe Kollwitz tiefe Einblicke in das alltägliche Leben des Proletariats vor dem Ersten Weltkrieg. Die Komposition *Arbeitslosigkeit* von 1909, Vorarbeit für eine Radierung (Taf. 23, Klipstein 100) wirkt wie ein Statement der hoffnungslosen Situation einer Arbeiterfamilie: der verzweifelte, arbeitslose Vater, die kranke Mutter, drei kleine Kinder. Obdachlosigkeit, Hunger, Krankheit, Alkoholismus kamen oft noch hinzu. Jahre später, 1924, weist die Lithographie *Städtisches Obdach* (Abb. 8, Klipstein 219) mit einer Mutter und ihren an sie geschmiegten Kindern auf das Problem der Obdachlosigkeit hin.

Besonders der Proletarierfrau hat Käthe Kollwitz mit zahlreichen schicksalsbeladenen Darstellungen ein Denkmal gesetzt, wobei stets das Menschliche sie in erster Linie bewegte. Deshalb wehrte sie sich gegen eine zu oberflächliche Klassifizierung als »soziale Künstlerin«. Ausführlich nahm sie dazu im »Rückblick auf frühere Zeit« Stellung, einem aufschlußreichen Statement:

»Ich möchte hierbei einiges sagen über die Abstempelung zur ‚sozialen' Künstlerin... Ganz gewiß ist meine Arbeit schon damals durch die Einstellung meines Vaters, meines Bruders, durch die ganze Literatur jener Zeit auf den Sozialismus hingewiesen. Das eigentliche Motiv aber, warum ich von jetzt an zur Darstellung fast nur das Arbeiterleben wählte, war, weil die aus dieser Sphäre gewählten Motive mir einfach und bedingslos das gaben, was ich als schön empfand. Schön war für mich der Königsberger Lastträger, schön waren die polnischen Jimkies auf ihren Witinnen, schön war die Großzügigkeit der Bewegungen im Volke. Ohne jeden Reiz waren mir Menschen aus dem bürgerlichen Leben. Das ganze bürgerliche Leben erschien mir pendantisch. Dagegen einen großen Wurf hatte das Proletariat. Erst viel später, als ich, besonders durch meinen Mann, die Schwere und Tragik der proletarischen Lebenstiefe kennenlernte, als ich Frauen kennenlernte, die beistandsuchend zu meinem Mann und nebenbei auch zu mir kamen, erfaßte mich mit ganzer Stärke das Schicksal des Proletariats und aller seiner Nebenerscheinungen. Ungelöste Probleme wie Prostitution, Arbeitslosigkeit quälten und beunruhigten mich und wirkten mit als Ursache dieser meiner Gebundenheit an die Darstellung des niederen Volkes, und ihre immer wiederholte Darstellung öffnete mir ein Ventil oder eine Möglichkeit, das Leben zu ertragen.«[7]

Immer stärker, souveräner auch in der formalen Gestaltung, trat in den reiferen Jahren das Empfindungsmäßige, die Konzentration auf das rein Menschliche, das Schicksalhafte in den Vordergrund. Dafür ist eine Notiz vom Oktober 1920 bezeichnend: »Ich hab als Künstler das Recht, aus allem den Gefühlsgehalt herauszuziehn, auf mich wirken zu lassen und nach außen zu stellen.«[8]

1914 als neue Geißel dann der sinnlose Krieg, der Tod des Sohnes, den Käthe Kollwitz nie zu überwinden vermochte. Dem Krieg folgte die Revolution, Hoffnungen und Enttäuschungen. In ihrem Tagebuch notierte Käthe Kollwitz am 16. Januar 1919: »Niederträchtiger empörender Mord an Liebknecht und Luxemburg«. Die Familie Liebknecht bat sie, den Toten zu zeichnen. Damit war der erste äußere Anstoß gegeben, der dann unter dem »gewaltigen Eindruck, den die Trauer der Hunderttausende an seinem Grabe machte«, zur Gestaltung eines Gedenkblattes für Karl Liebknecht führte (Taf. 27, 28). Über zahlreiche Zeichnungen zum alten Thema Totenklage, Beweinung, über Radierung und Lithographie fand Käthe Kollwitz schließlich zur strengen, abstrahierten Form des Holzschnittes. Von Barlachs Holzschnitten angeregt, erarbeitete sich Käthe Kollwitz 1920 die ihr bis dahin unbekannte Holzschnittechnik. Nur ein Versuch ging dem *Liebknecht*-Holzschnitt voraus.

Es bedurfte eines zeitlichen Abstandes, um Aussagen über den Krieg von 1914–1918 machen zu können. Otto Dix schuf seinen bekannten Zyklus *Der Krieg* 1924, Georges Rouaults Zyklus *Miserere* wurde 1927 fertiggestellt, und Käthe Kollwitz vollendete 1923 einen Zyklus von sieben Holzschnitten mit dem Titel *Krieg* (Klipstein 177–183). »Ich habe immer wieder versucht, den Krieg zu gestalten. Ich konnte es nie fassen. Jetzt endlich habe ich eine Folge von Holzschnitten fertig gebracht, die einigermaßen das sagen, was ich sagen wollte. Es sind sieben Blätter, betitelt: das Opfer (Taf. 26) – die Freiwilligen (Taf. 30) – die Eltern – die Mütter (Taf. 32) – die Witwen – das Volk. Diese Blätter sollen in alle Welt wandern und sollen allen Menschen zusammenfassend sagen: so war es – das haben wir alle getragen durch diese unaussprechlich schweren Jahre.«[9] Der Zyklus ist den Opfern des Krieges gewidmet. Dazu zählen *Die Freiwilligen*, die kaum mündigen Jungen, die voll begeistertem Patriotismus in den Krieg zogen und fielen. Käthe Kollwitz zeichnete eine Gruppe dieser Freiwilligen, vom trommelschlagenden Tod angeführt wie in einem Aufschweben in eine jenseitige Welt – als Gedenkblatt für ihren Sohn und die Kriegsfreiwilligen gedacht. Den Witwen und Müttern gelten andere Blätter dieser Folge. Die »Zeichnung zu den Müttern« (Taf. 31) schildert eine furchtsam ineinander gedrängte Gruppe von Müttern, ihre

Kinder schützend unter sich bergend. Die Schwarzweißkontraste weisen darauf hin, daß es sich um eine typische Vorzeichnung für einen Holzschnitt handelt, speziell zu Blatt 6 der Folge *Krieg* (Klipstein 182). Wiederum fällt bei dieser Zeichnung die plastische Empfindung auf, die rundplastische geschlossene Gruppe, die dann auch tatsächlich im *Turm der Mütter* (Taf. 42) als Bronzeplastik verwirklicht wurde. In ihrem Tagebuch notiert Käthe Kollwitz dazu bei der Arbeit am Holzschnitt: »Die im Kreis stehenden Mütter, die ihre Kinder verteidigen, als Rundplastik!«[10]
Immer mehr gewann das bildhauerische Arbeiten für Käthe Kollwitz an Bedeutung. In erster Linie Bildhauerin zu sein, war schon lange ein geheimer Wunsch der Künstlerin. Dieser ihr ganz wesentliche Teil ihres Œuvres ist viel zu wenig bekannt. Wie intensiv sie die Plastik beschäftigte, läßt schon der Rückblick auf das Jahr 1912 erkennen: »Ich habe fast nur plastisch gearbeitet in diesem Jahr. Ich weiß nicht, ob ich was erreichen werde. Wenn nicht was dann? Kann ich überhaupt noch zum Radieren zurück?«[11]
Am 1. Dezember 1914 taucht zum erstenmal im Tagebuch der Gedanke auf, dem Opfertod des Sohnes als Kriegsfreiwilligem ein Denkmal zu widmen: »Das Denkmal soll Peters Gestalt haben, ausgestreckt liegend, den Vater zu Häupten, die Mutter zu Füßen. . .« . In Berlin auf den Höhen von Schildhorn war die Aufstellung geplant, »wo man den Blick über die Havel hat . . . In Eisen oder Bronze soll das gegossen werden und Jahrhunderte stehn«.[12]
Diese erste Fassung begann Käthe Kollwitz zu verwirklichen, arbeitete hart daran und gab sie 1919 resignierend wieder auf. Dann folgen neue Pläne, nunmehr nicht mehr für ein Denkmal über der Havel, sondern für den Soldatenfriedhof in Belgien, wo der Sohn mit seinen Kameraden begraben liegt. Ein großes Relief wird erwogen und danach ein monumentales Eingangstor mit den Eltern zur Seite. Auch eine ganz blockhaft konzipierte Gruppe der im Schmerz gegeneinander gelehnten Eltern wird entworfen. Der Holzschnitt *Eltern* (Abb. 9, Klipstein 179) bewahrt diese Idee. Immer mehr konzentriert Käthe Kollwitz ihre Arbeit auf die beiden für sich stehenden Figuren. »Die Mutter soll knien und über die vielen Gräber blicken. Die Arme breitet sie aus über alle ihre Söhne. Der Vater

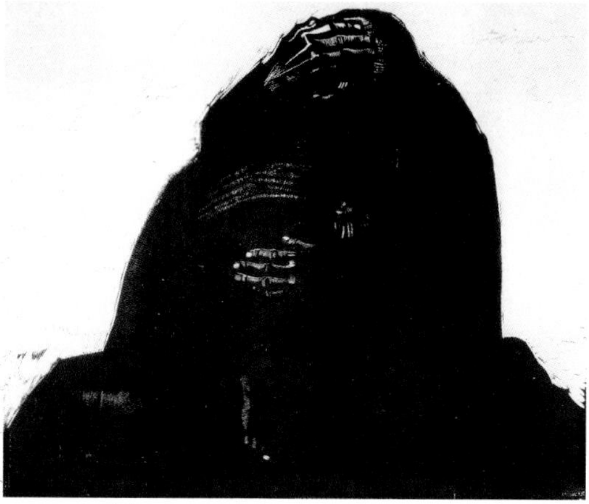

9 *Eltern,* 1932
Blatt 3 der Folge *Krieg* (2. Fassung), National Gallery of Art, Washington, Rosenwald Collection

auch kniend. Er hat die Hände im Schoß zusammengepreßt«[13], heißt es im Oktober 1925. Im folgenden Jahr wird die Armhaltung der Mutter geändert, sie sind nicht mehr über die Gräber ausgestreckt, stattdessen zugunsten der geschlossenen Silhouette der Plastik an den Körper angelegt. Schritt für Schritt, Jahr für Jahr, arbeitet sich die Bildhauerin an die definitive Fassung heran, das Rundplastische immer stärker betonend, eine vereinfachte Kleidung mit weichem, schwerem Faltenwurf dazu erfindend. Versierte Steinmetze übertragen dann die Figuren in Granit. Endlich, achtzehn Jahre nach dem Beginn an dieser Arbeit, können die beiden Figuren am 27. Juli 1932 auf dem Soldatenfriedhof Roggevelde aufgestellt werden, hinter dem Eingang links und rechts auf flachen Sockeln stehend oder richtiger gesagt: kniend (Abb. 10). Das monumentalste Vorhaben ihres plastischen Œuvres war damit abgeschlossen. 1953 wurden in der Bildhauerwerkstatt von Ewald Mataré Kopien der beiden Figuren angefertigt, gleichfalls in belgischem Granit (Taf. 48). Sie stehen vor der Ruine von St. Alban in Köln.

Kritisch, manchmal verzagt und verzweifelt, stand Käthe Kollwitz ihrem Werk gegenüber, mußte sich zwingen, weiter zu machen, wobei ihr ein Charakterzug ausgleichend zur Seite stand, die Fähigkeit und der Wille, ein Ziel, das ihr wichtig war, zäh und beharrlich zu verfolgen. Voll Entschlossenheit übernahm sie auch Aufträge, beispielsweise für Plakate, um zu helfen: »Ich will wirken in dieser Zeit, in der die Menschen so ratlos und hilfsbedürftig sind.«[14] Aufrüttelnde lithographierte Plakate entstanden aufgrund dieser Aufträge: 1921 der Aufruf *Helft Rußland* (Taf. 35) im Kampf gegen die große Dürre-Katastrophe, die damals Rußland heimsuchte, oder der Friedensappell *Nie wieder Krieg* von 1924, in dieser Auswahl belegt durch eine Vorzeichnung zur Lithographie (Taf. 36, Klipstein 200). »Vom internationalen Gewerkschaftsbund habe ich den Auftrag bekommen, ein Plakat gegen den Krieg zu arbeiten. Das ist eine Aufgabe, die mich freut. Mag man tausend Mal sagen, daß das nicht reine Kunst ist, die einen Zweck in sich schließt. Ich will mit meiner Kunst, solange ich arbeiten kann, wirken.«[15]

Schon seit den zwanziger Jahren, immer wieder von Todesahnungen erfüllt, drängte es Käthe Kollwitz, zusammenfassend, »wie der alte Goethe sagt: Gedanken, bisher undenkbare«, aus langer Lebenserfahrung in einer Folge zum Tod zu verdichten und ihr Werk damit abzuschließen. Das Ergebnis langjähriger Arbeit bilden die 1934/35 geschaffenen acht Lithographien zur Folge *Tod* (Klipstein 256–263). Damit entstand ein

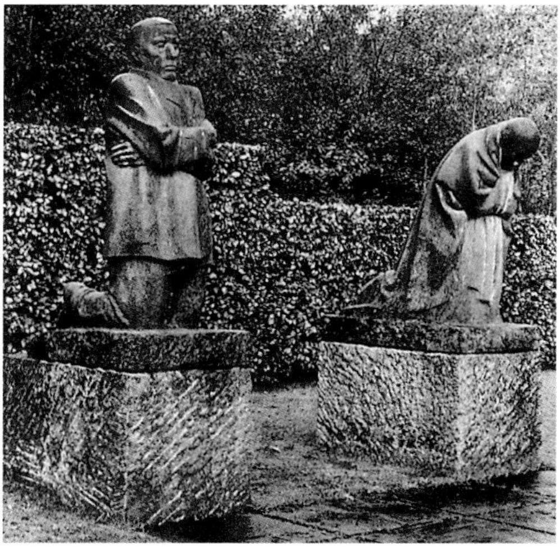

10 *Die Eltern,* 1926–31
an ihrem ursprünglichen Standort auf dem Soldatenfriedhof Roggevelde bei Dixmuiden, Belgien

Werk von erschütternder Ausdruckskraft. Der Tod, der erbarmungslos in eine Kinderschar greift, eine Frau mit ihrem Kind packt, eine ganze Familie im Wasser untergehen läßt oder der einsame *Tod auf der Landstraße.* Daneben erscheint der Tod aber auch versöhnlich, helfend und erlösend: eine *Frau vertraut sich dem Tod an, Der Tod, als Freund erkannt,* der Tod wie eine Mutter oder wie ein Liebhaber ein Mädchen auf dem Schoß haltend. Ein Selbstbildnis fehlt in diesem Zyklus nicht, verborgen hinter dem neutralen Titel *Ruf des Todes* (Taf. 38). Es ist eines der letzten Selbstbildnisse und eines der ergreifendsten der Künstlerin. Man blickt in ihr ernstes Gesicht, in dem das Leben mit seinen Höhen und Tiefen deutliche Spuren eingegraben hat. Nicht erbarmungslos brutal, vielmehr unendlich behutsam erfolgt der Ruf des Todes. Nur die ausgestreckte Hand des Todes sieht man, mit den Fingerspitzen die Schulter der Käthe Kollwitz berührend.
Innerhalb der Graphik der letzten zwei Jahrzehnte ihres Lebens bildet dieser Zyklus einen Höhepunkt, doch ganz abgeschlossen war das Œuvre damit nicht, das letzte Wort noch nicht gesprochen. Das *Selbstbildnis mit Karl Kollwitz* (Taf. 37) schuf Käthe Kollwitz 1938, ein eng beieinander sitzendes uraltes Paar, wie eine plastische Gruppe empfunden, mit breiten Kohlestrichen großzügig angelegt, wieder eine hervorragende Zeichnung. Ihr Mann, Dr. Karl Kollwitz, starb zwei Jahre später, sie selbst zeichnete sich maskenhaft starr und sehr viel älter als Portraitphotos im Vergleich zeigen. Das Ende des Lebens, das ergebene gemeinsame Warten auf den Tod hat diese Darstellung zum Inhalt.

Vier Jahre später, 1942, in ihrem 75. Lebensjahr, beendete Käthe Kollwitz mit dem 267zigsten Blatt ihr durckgraphisches Œuvre. Ohne dieses letzte Blatt, eine Lithographie, zu kennen, könnte man vermuten, es sei voll Demut aus der Weisheit des Alters dem Tode gewidmet. Das Gegenteil muß man überraschenderweise feststellen, denn diese Lithographie gilt dem Leben, seiner Bewahrung, aus der Bedrängnis der Zeit geschaffen als ein letztes mutiges Sichaufraffen zum aktiven Handeln: »Das ist nun einmal mein Testament: Saatfrüchte sollen nicht vermahlen werden!« Dieses Goethewort, Titel der Lithographie (Taf. 39), hatte Käthe

Kollwitz schon 1918 Richard Dehmel entgegengehalten, als dieser »zum Weiterkämpfen bis zum Weißbluten aufrief«.[16] 1941 / 42 wendet sich ihr Aufruf gegen die Einziehung Jugendlicher, »sechzehnjähriger Bengel«, zum Militärdienst. Öffentlich wirksam dürfte dieser Appell kaum geworden sein, das wäre nach damaligen Begriffen Wehrkraftzersetzung gewesen, nicht selten geahndet mit der Todesstrafe. Um so mehr Achtung verdient dieser entschlossene, tapfere Aufruf, »kein sehnsüchtiger Wunsch, sondern Gebot, Forderung« – ein Schrei in der Nacht.

Anmerkungen

1 Käthe Kollwitz, *Die Tagebücher*. Herausgegeben von Jutta Bohnke-Kollwitz. Berlin 1989, S. 738–39
2 *Erinnerungen* (1923), in: Käthe Kollwitz, *Die Tagebücher*, S. 729
3 Käthe Kollwitz, *Briefe der Freundschaft* (Brief vom 26. Februar 1891 an Paul Hey), München 1966, S. 20–21
4 Käthe Kollwitz, *Die Tagebücher (Rückblick auf frühere Zeit, 1941)*, S. 740
5 Käthe Kollwitz, *Tagebuchblätter und Briefe*. Hrsg. von Hans Kollwitz (Brief an Arthur Bonus), Berlin 1949, S. 142
6 Käthe Kollwitz, *Tagebuchblätter und Briefe*. Brief an Arthur Bonus, S. 142
7 Käthe Kollwitz, *Die Tagebücher (Rückblick auf frühere Zeit, 1941)*, S. 741
8 Käthe Kollwitz, *Die Tagebücher* (Oktober 1920), S. 483
9 Käthe Kollwitz, *Briefe der Freundschaft* (Brief vom 23. Oktober 1922 an Romain Rolland), S. 56
10 Käthe Kollwitz, *Die Tagebücher* (30. April 1922), S. 530–531
11 Käthe Kollwitz, *Die Tagebücher* (4. Dezember 1912), S. 542
12 Käthe Kollwitz, *Die Tagebücher* (1. Dezember 1914), S. 177
13 Käthe Kollwitz, *Die Tagebücher* (13. Oktober 1925), S. 603
14 Käthe Kollwitz, *Die Tagebücher* (November 1922), S. 542
15 Käthe Kollwitz, *Briefe der Freundschaft* (Brief vom 29. Dezember 1922 an Erna Krüger), München 1966, S. 95
16 Käthe Kollwitz, *Die Tagebücher* (Dezember 1941), S. 704

I. Zeichnungen und Druckgraphik

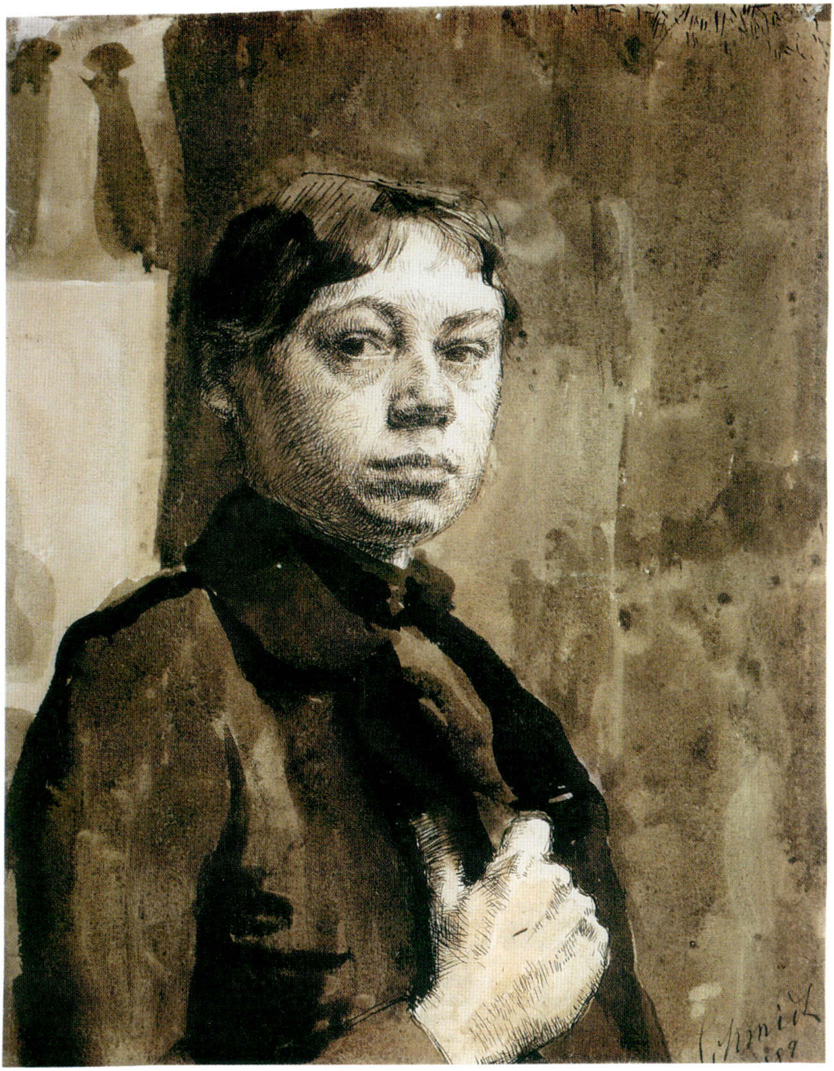

1 Selbstbildnis, 1889

Feder und Pinsel, 30,9 x 24,2 cm

Käthe Kollwitz Museum Köln

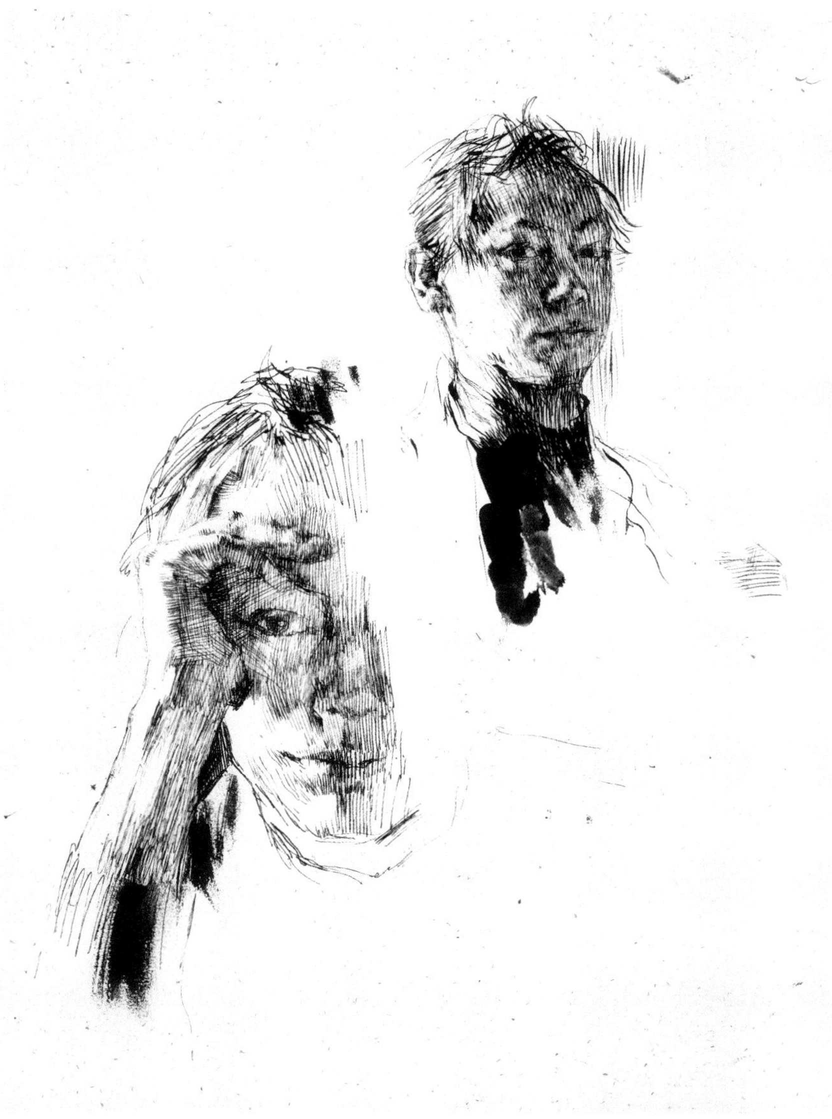

2 Zwei Selbstbildnisse, 1891

Feder und Pinsel, 39,5 x 28,3 cm

Staatliche Museen zu Berlin, Kupferstich-Kabinett

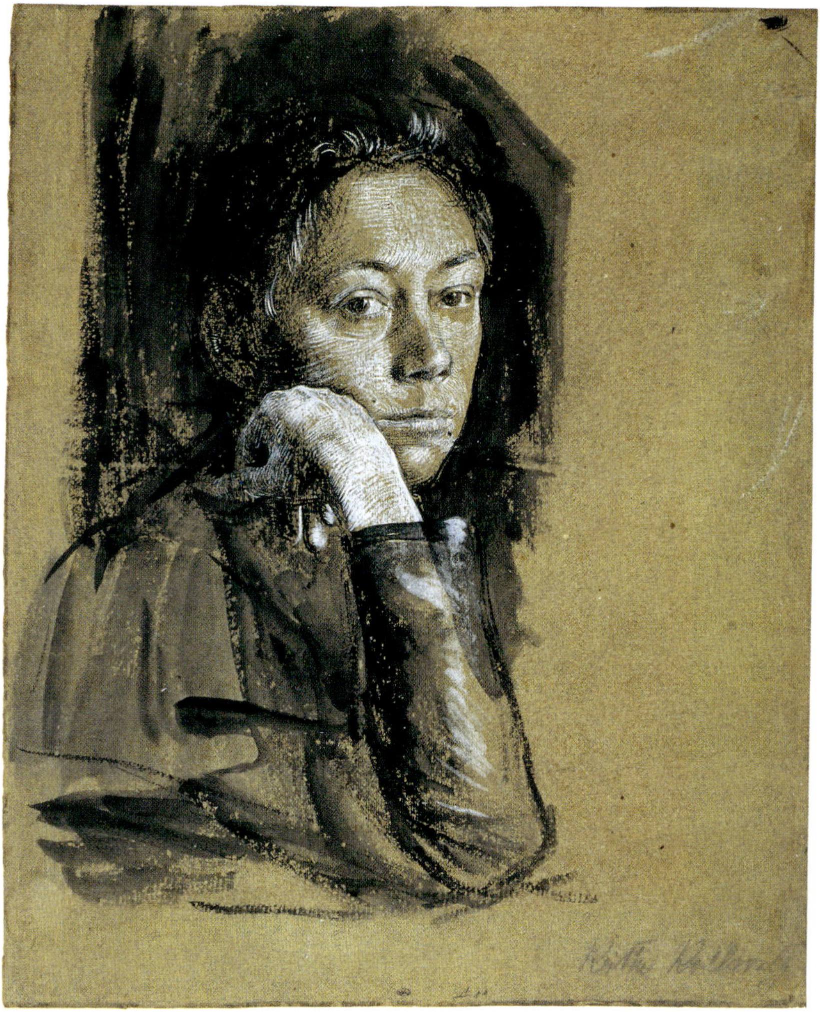

3 Selbstbildnis, 1891/92

Feder und Pinsel, weiß gehöht, 40 x 32 cm, Art Institute of Chicago, Schenkung Mrs. Margaret Day Blake, Mr. and Mrs. Alan Press, Prints and Drawings Purchase Fund

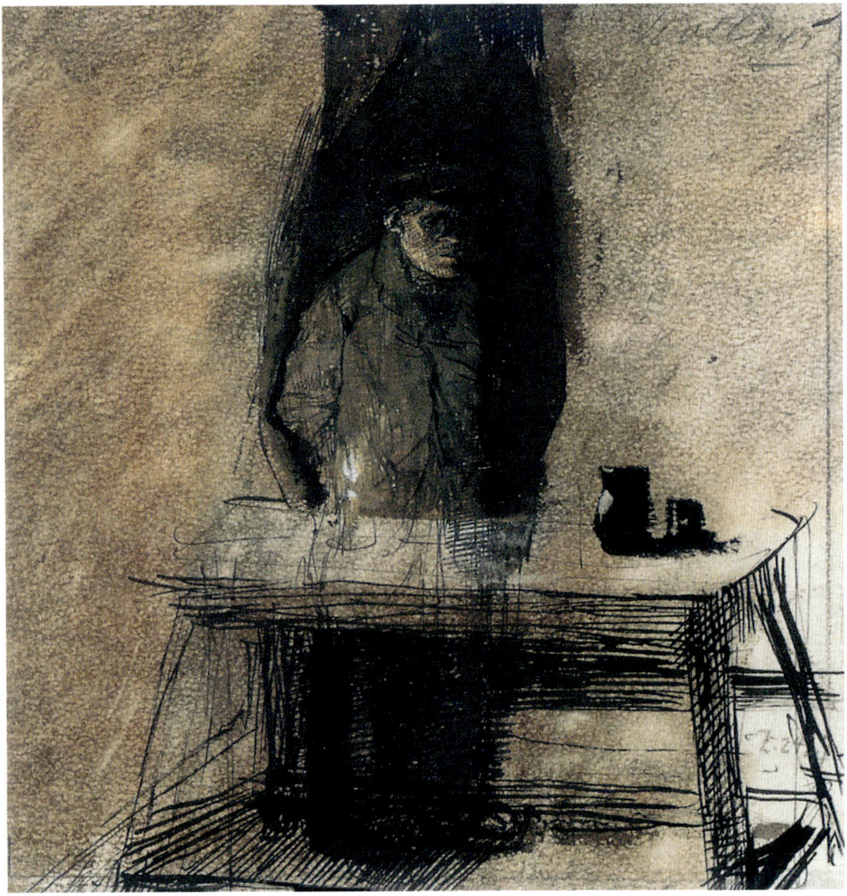

4 Mann hinter einem Tisch stehend, 1895

Feder, Pinsel und Kreide, 16,6 x 15,4 cm

Staatliche Kunstsammlungen Dresden, Kupferstich-Kabinett

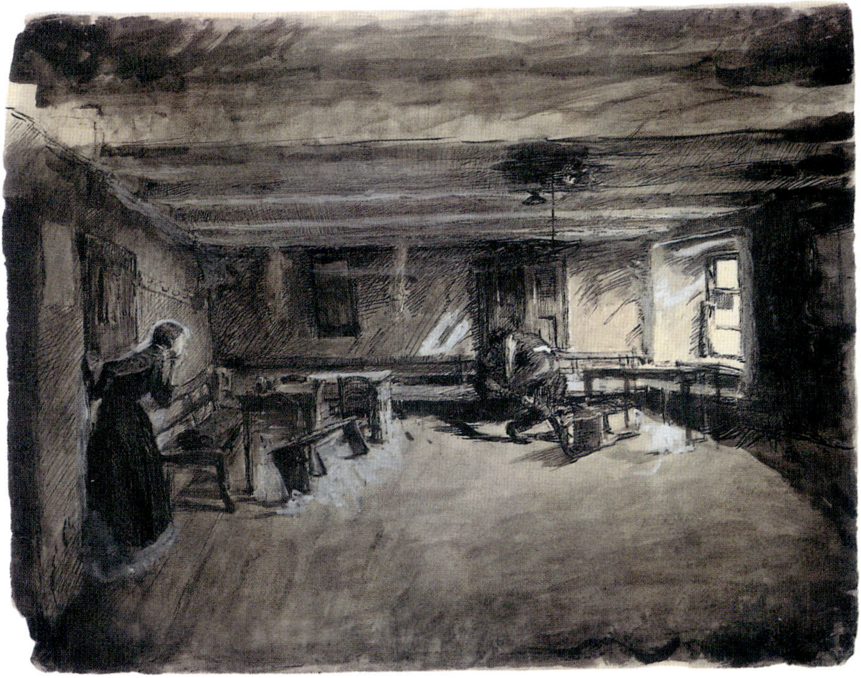

5 Szene aus »Germinal«, 1891
Feder und Pinsel, weiß gehöht, 46,5 x 60,5 cm
Privatsammlung

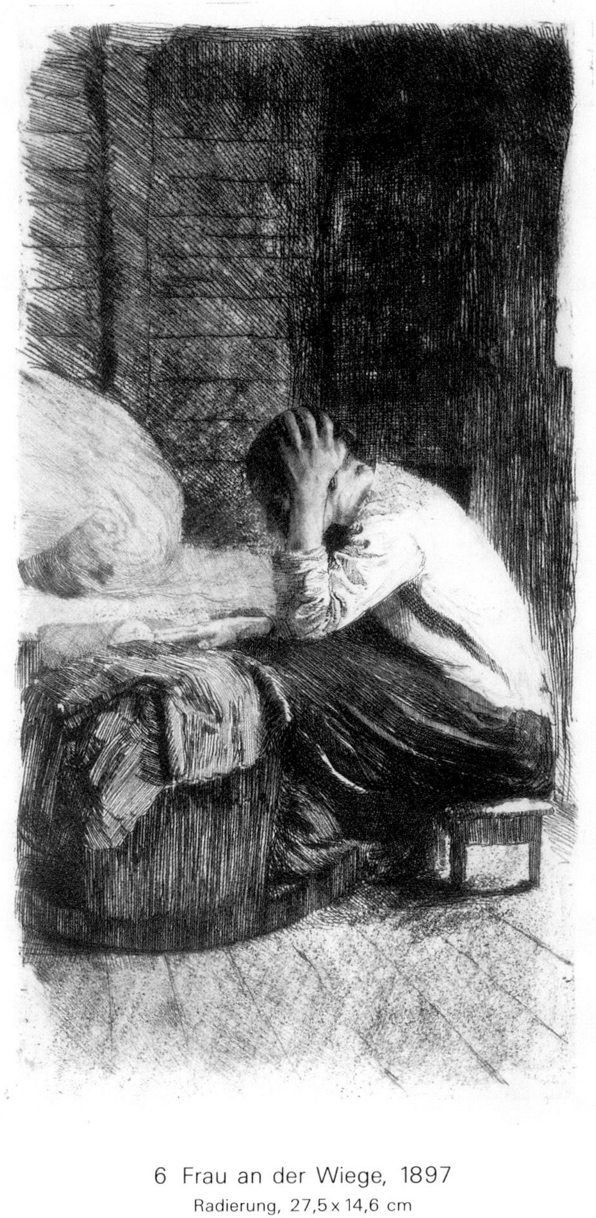

6 Frau an der Wiege, 1897

Radierung, 27,5 x 14,6 cm

Staatliche Kunstsammlungen Dresden, Kupferstich-Kabinett

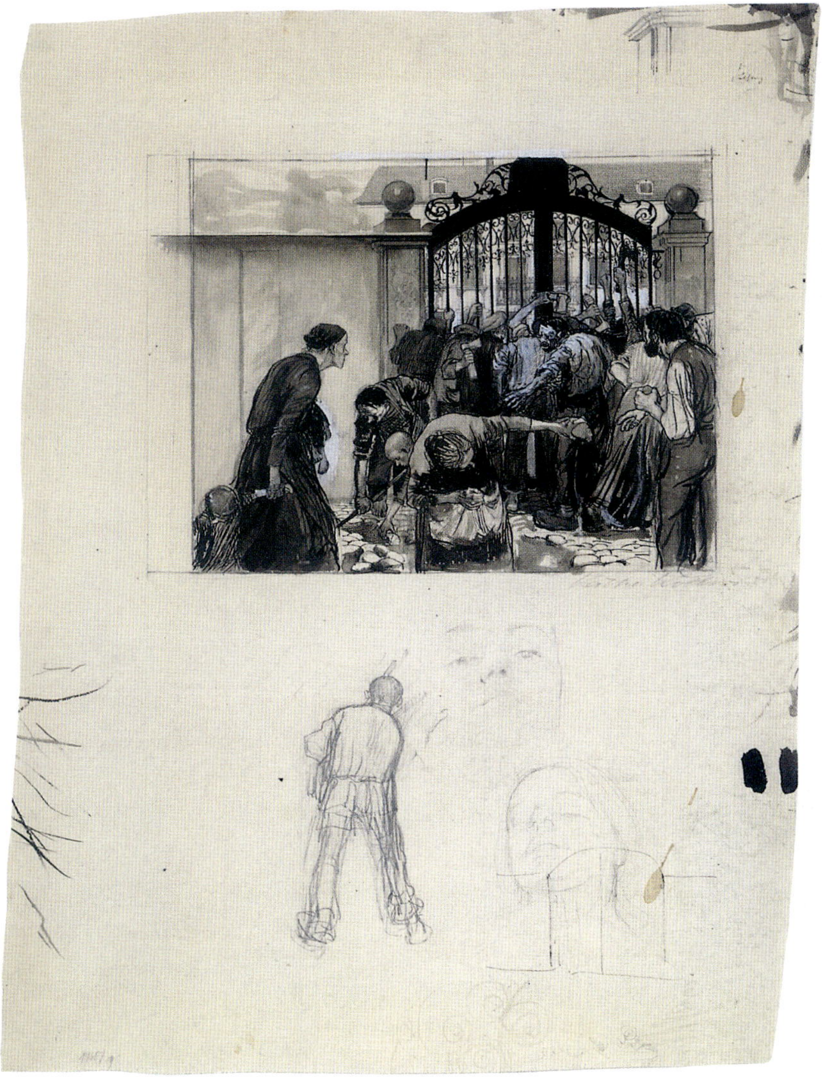

7 Sturm, 1897

Studie zu Blatt 5 der Folge »Ein Weberaufstand«, Feder, Pinsel, Bleistift, 24,7 x 30,5 cm
The Galerie St. Etienne, New York

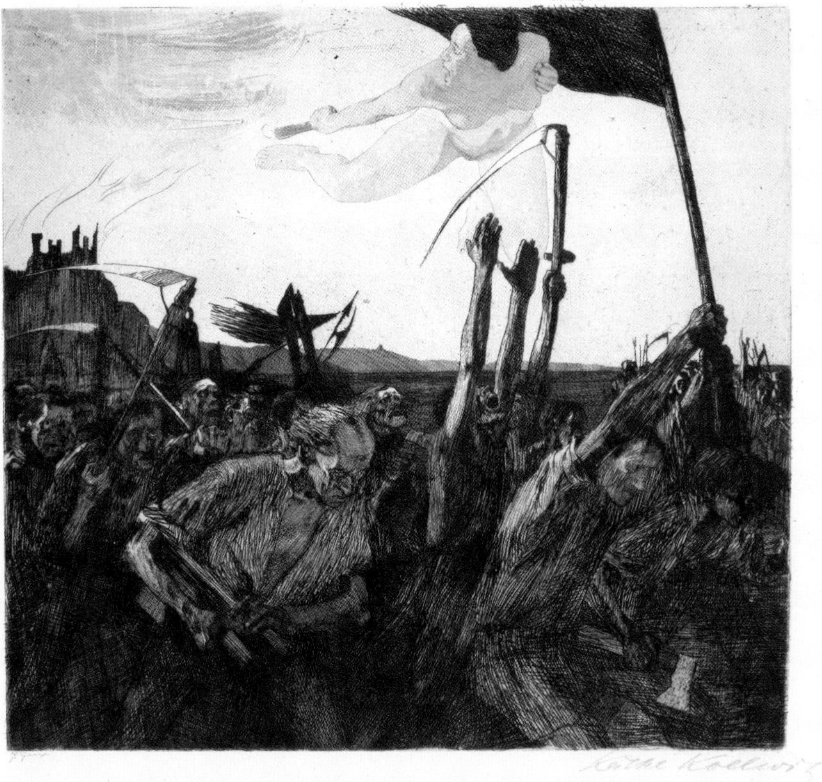

8 Aufruhr, 1899

Radierung, Kaltnadel, Aquatinta, 29,5 x 31,7 cm

Staatliches Museum Schwerin, Käthe Kollwitz-Sammlung

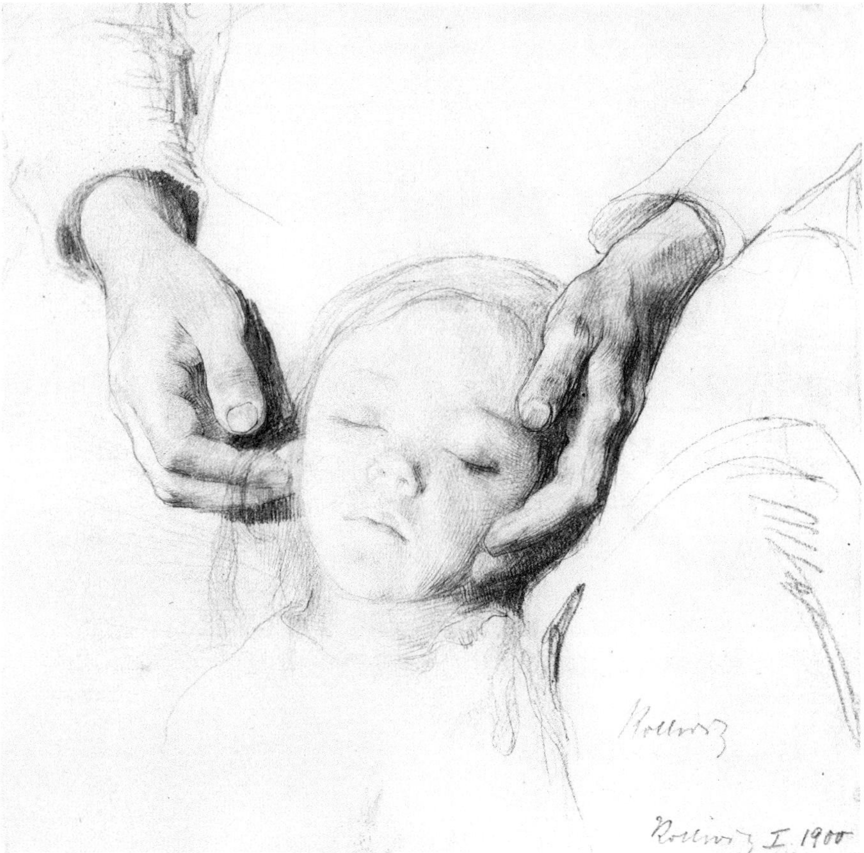

9 Kopf eines Kindes in den Händen der Mutter, 1900

Bleistift, 20,7 x 20,8 cm

Staatliche Kunstsammlungen Dresden, Kupferstich-Kabinett

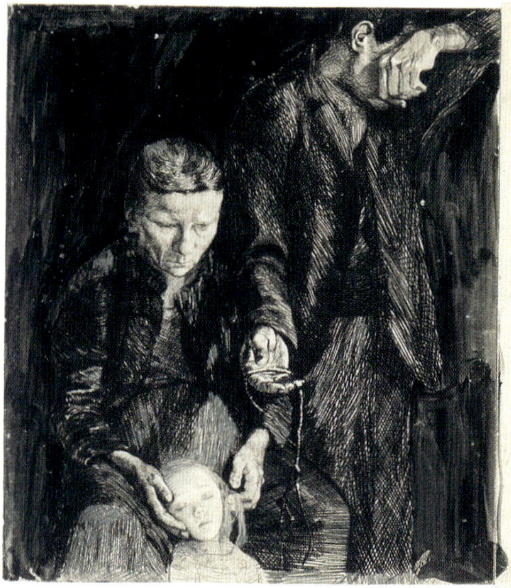

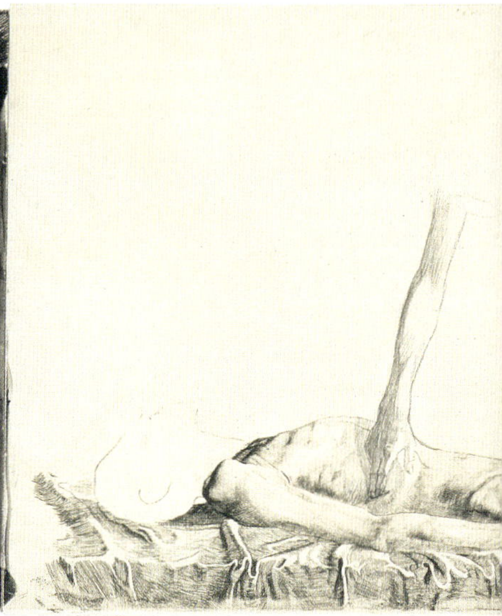

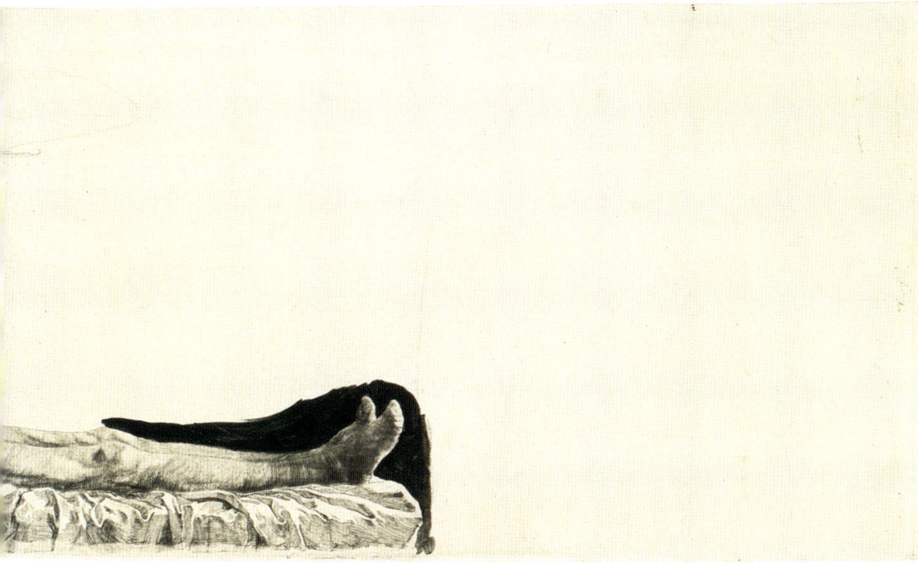

10 Zertretene, 1900

Radierung, Kaltnadel auf zwei Blättern
mit Bleistiftkorrekturen, Probeabzug 23,7 x 82,8 cm
Staatliche Kunstsammlungen Dresden, Kupferstich-Kabinett

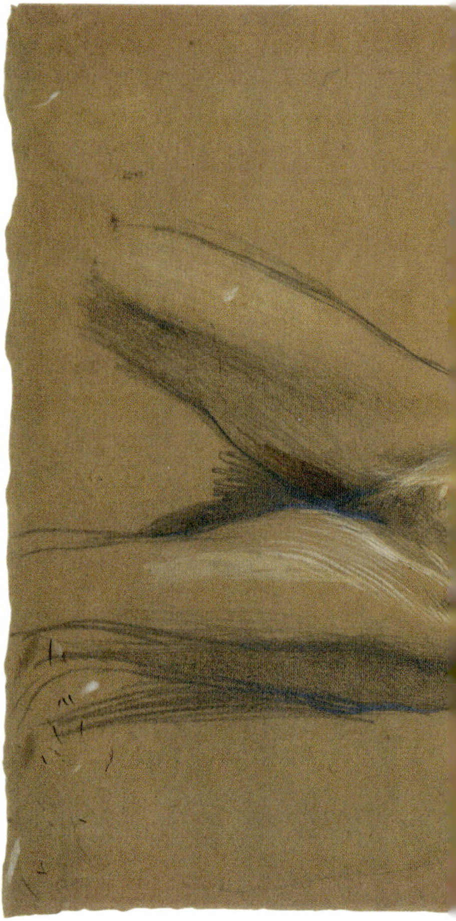

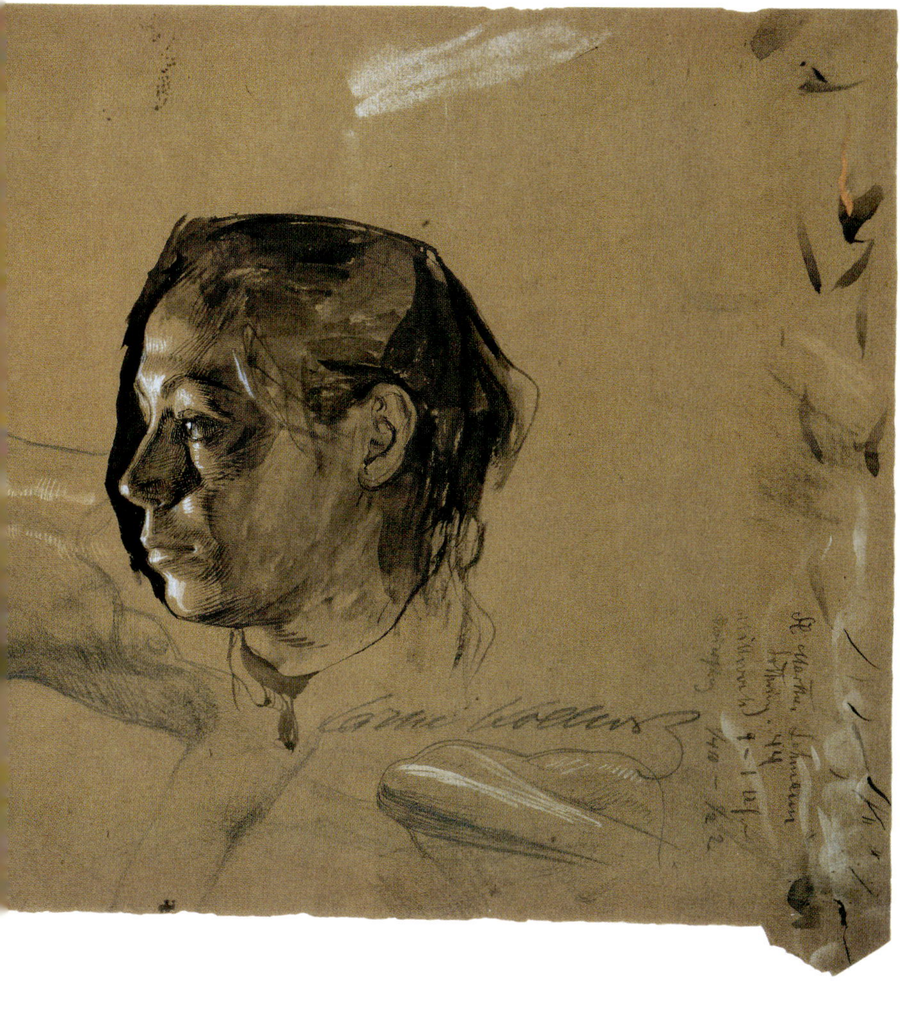

11 Selbstbildnis und Aktstudien, 1900

Bleistift, Feder, Pinsel, weiß gehöht, 28 x 44,5 cm

Graphische Sammlung, Staatsgalerie Stuttgart

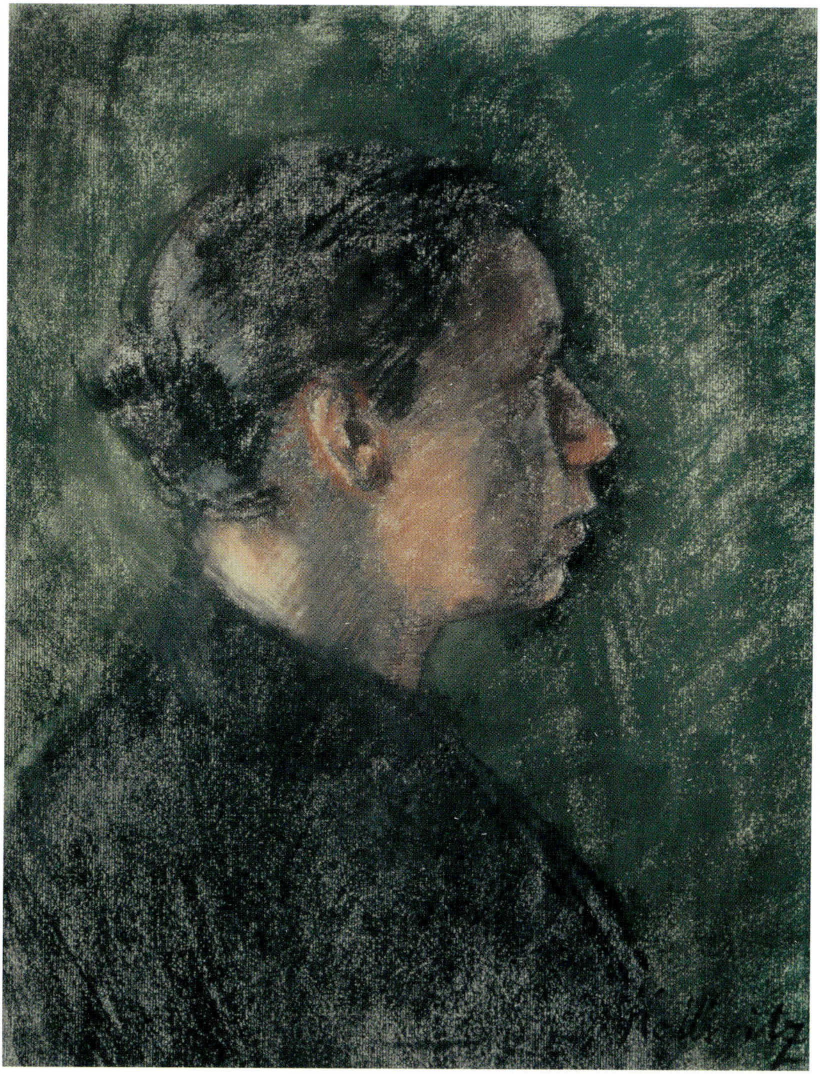

12 Selbstbildnis im Profil nach rechts, 1900
Farbige Pastellkreiden, 47 x 36,5 cm
Chris Petteys Collection, Sterling, Colorado, USA

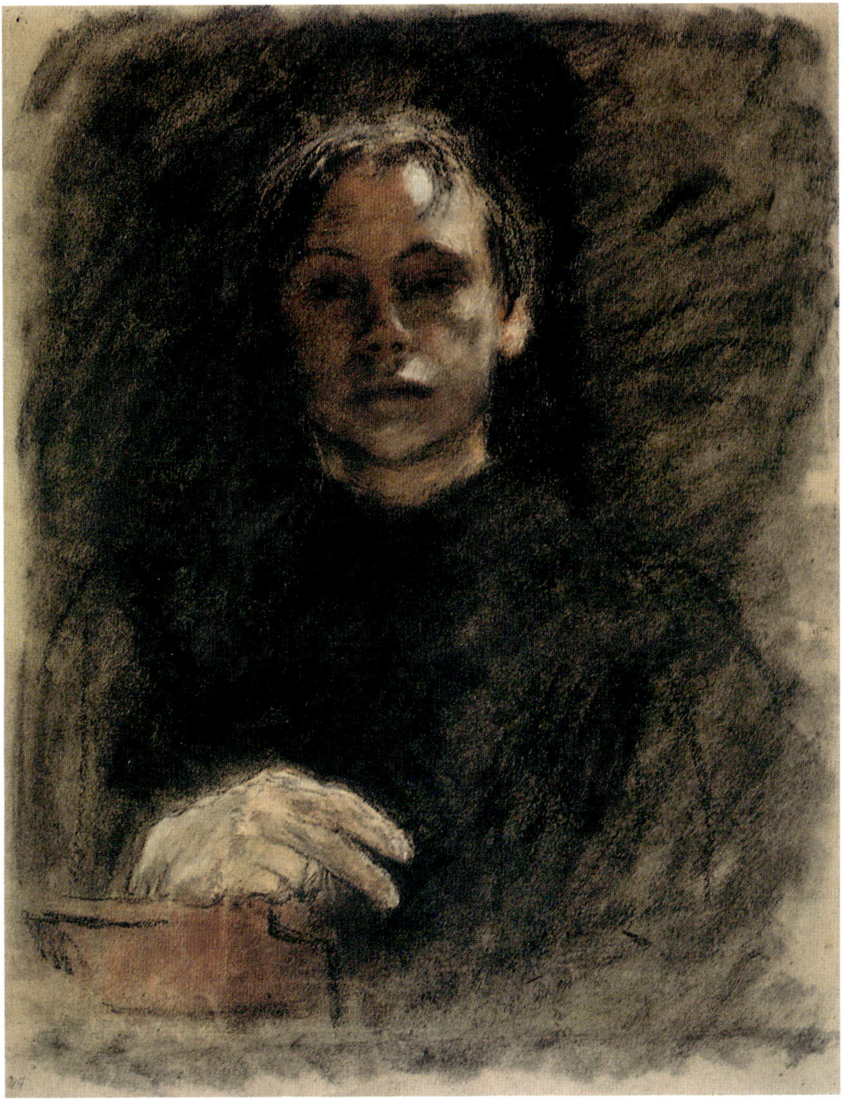

13 Selbstbildnis en face, 1900
Farbige Pastellkreiden, 58 x 47,5 cm
Privatsammlung, Berlin

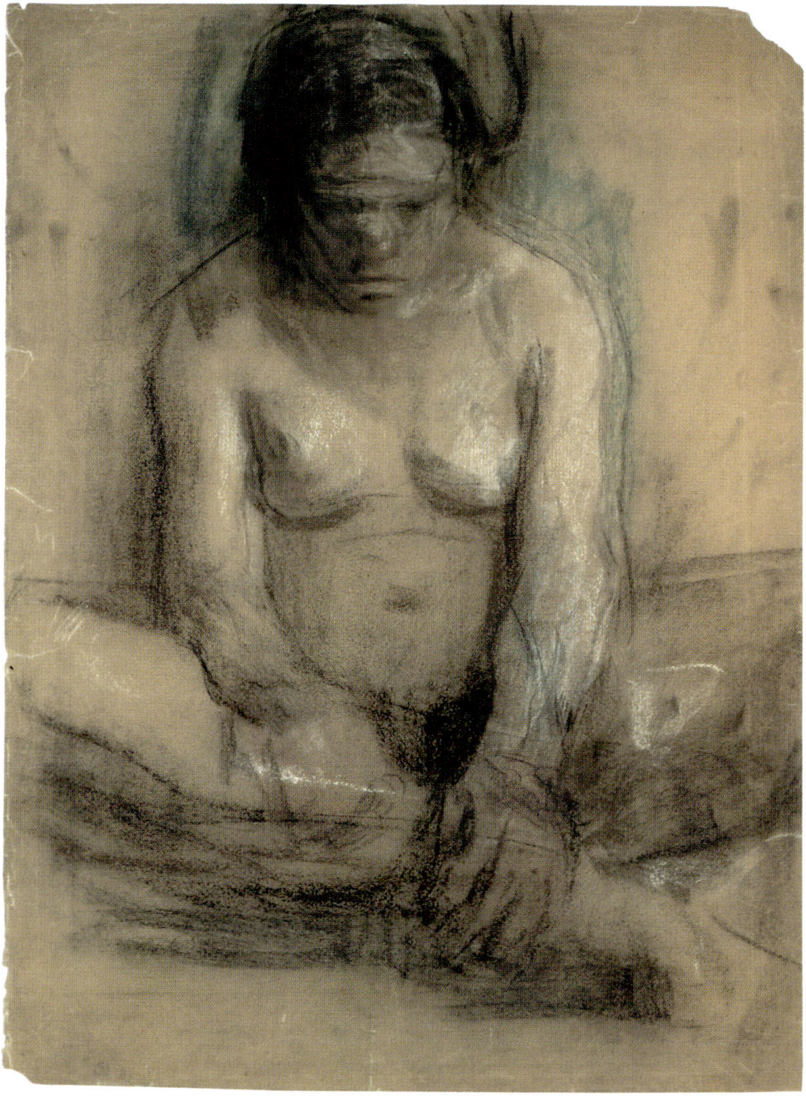

14 Sitzender weiblicher Akt, 1900

Pastellkreiden und schwarze Kreide, 74,8 x 56 cm

Richard A. Simms Collection, USA

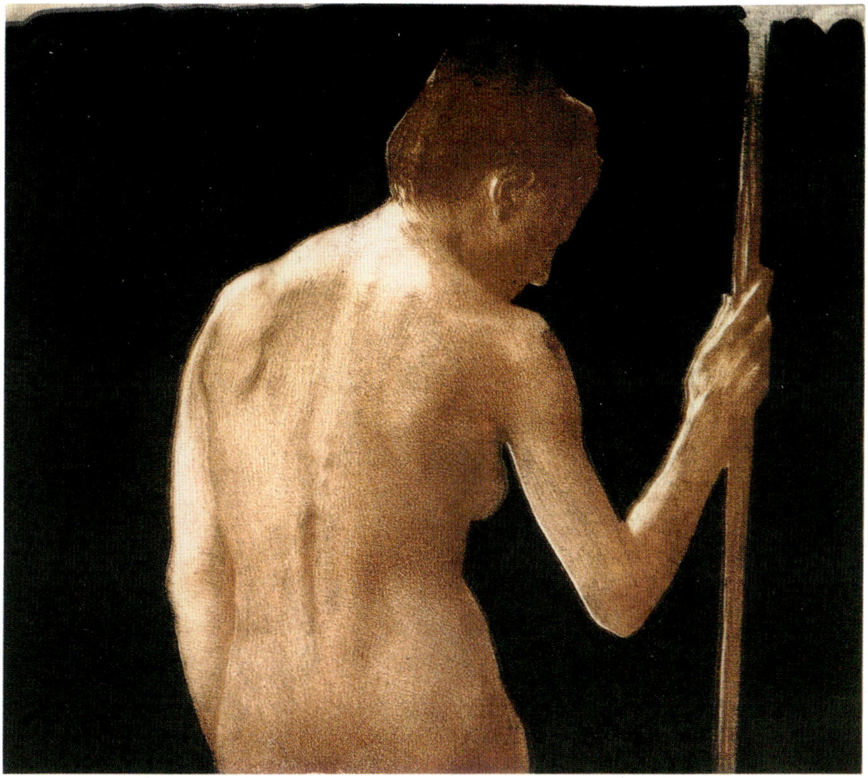

15 Weiblicher Rückenhalbakt mit Stab, 1901
Zweifarbige Lithographie, 31 x 33,3 cm
Staatliche Kunstsammlungen Dresden, Kupferstich-Kabinett

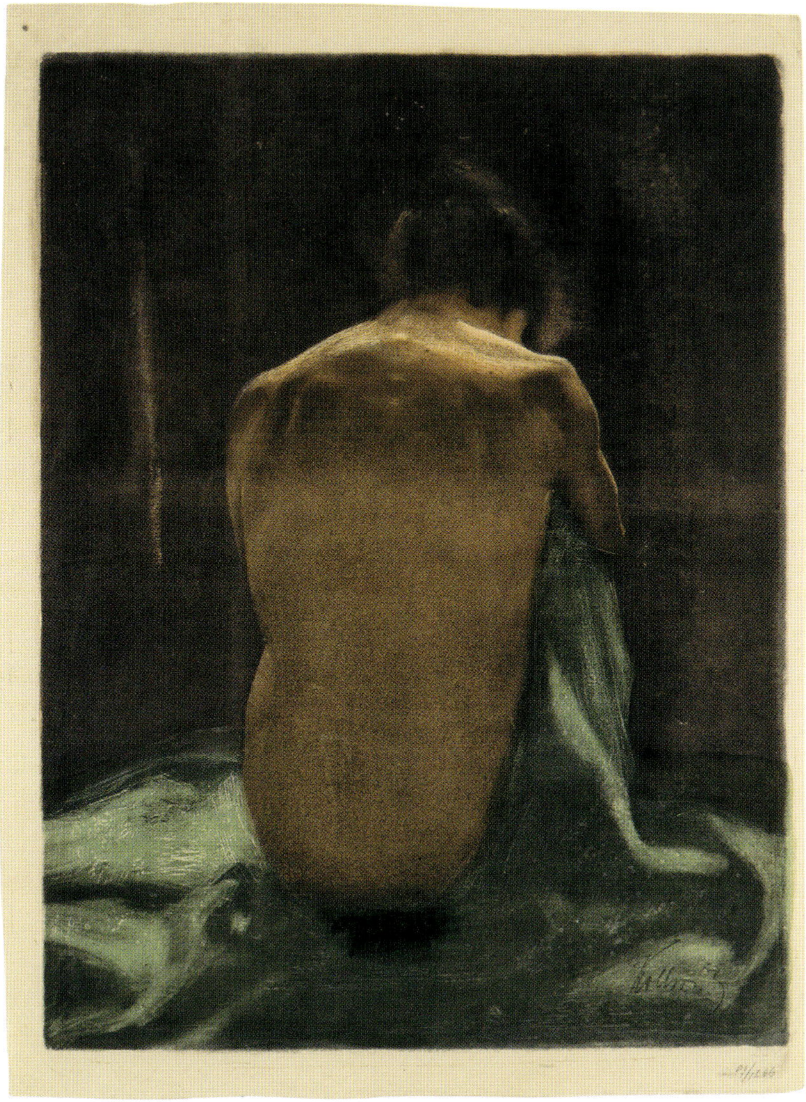

16 Weiblicher Rückenakt auf grünem Tuch, 1903
Farblithographie, überzeichnet mit Kreide, 62,6 x 47,2 cm
Kunsthalle Bremen

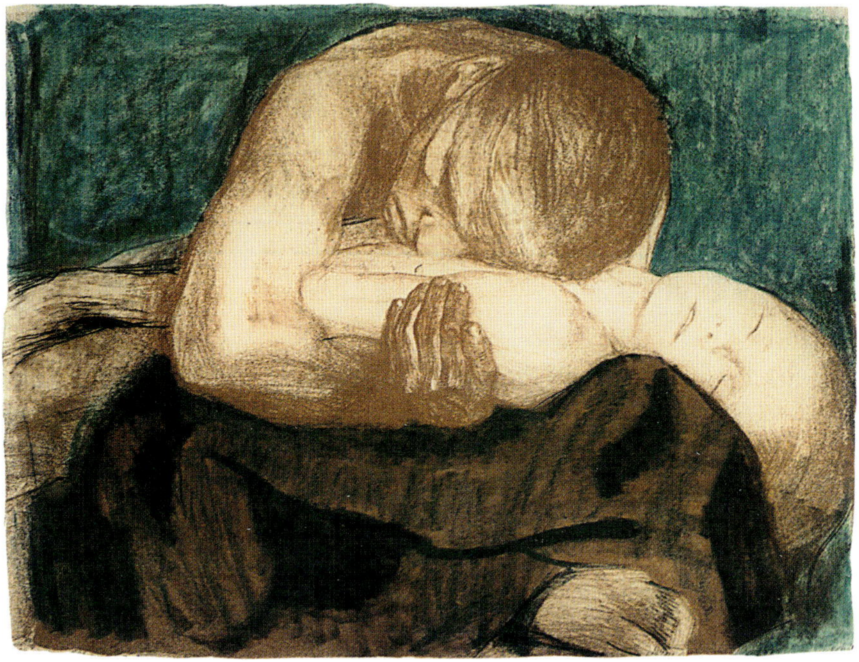

17 Pietà, 1903

Farblithographie, überzeichnet mit Kreide, 45 x 60,4 cm

Staatliche Museen zu Berlin, Kupferstich-Kabinett

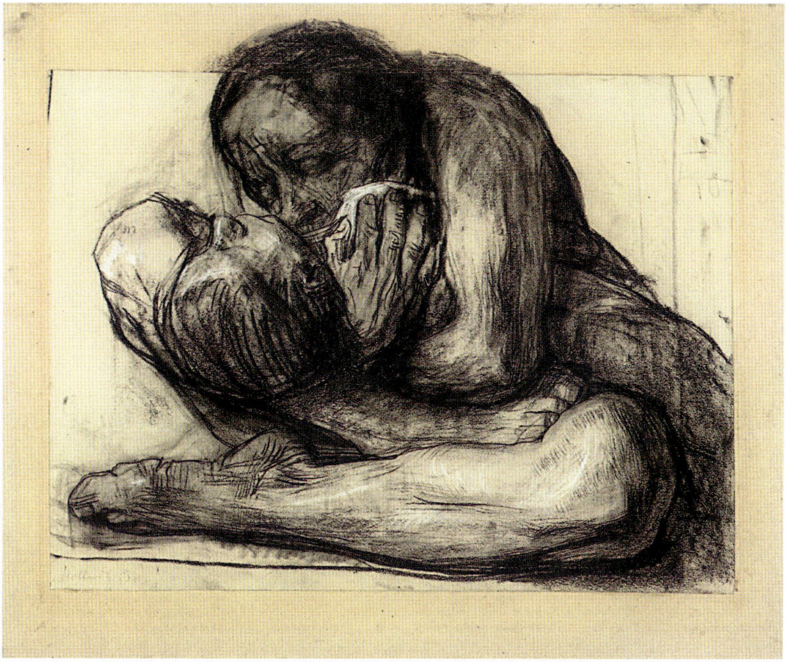

18 Frau mit totem Kind, 1903
Schwarze Kreide und Kohle, weiß gehöht, 39 x 48 cm
Privatsammlung

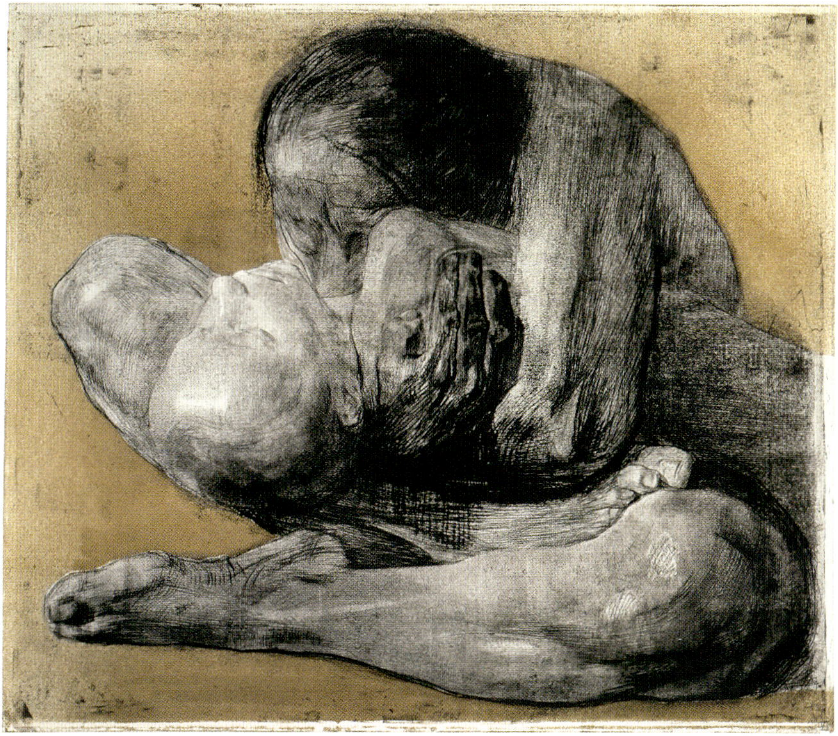

19 Frau mit totem Kind, 1903
Radierung, Durchdruckverfahren (Vernis mou),
lithographisch überdruckt mit einem goldenen Tonstein, 42,2 x 48,7 cm
British Museum, London

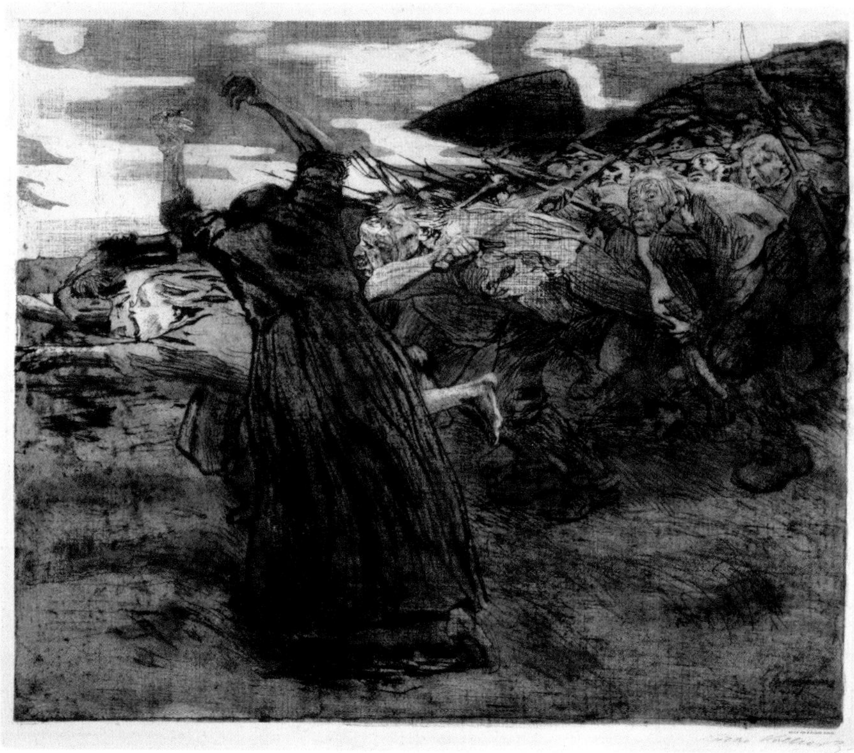

20 Losbruch, 1903

Blatt 5 der Folge »Bauernkrieg«

Radierung, Aquatinta, Aussprengverfahren, Stoffdurchdruck, 50,7 x 59,2 cm

Staatliches Museum Schwerin, Käthe Kollwitz-Sammlung

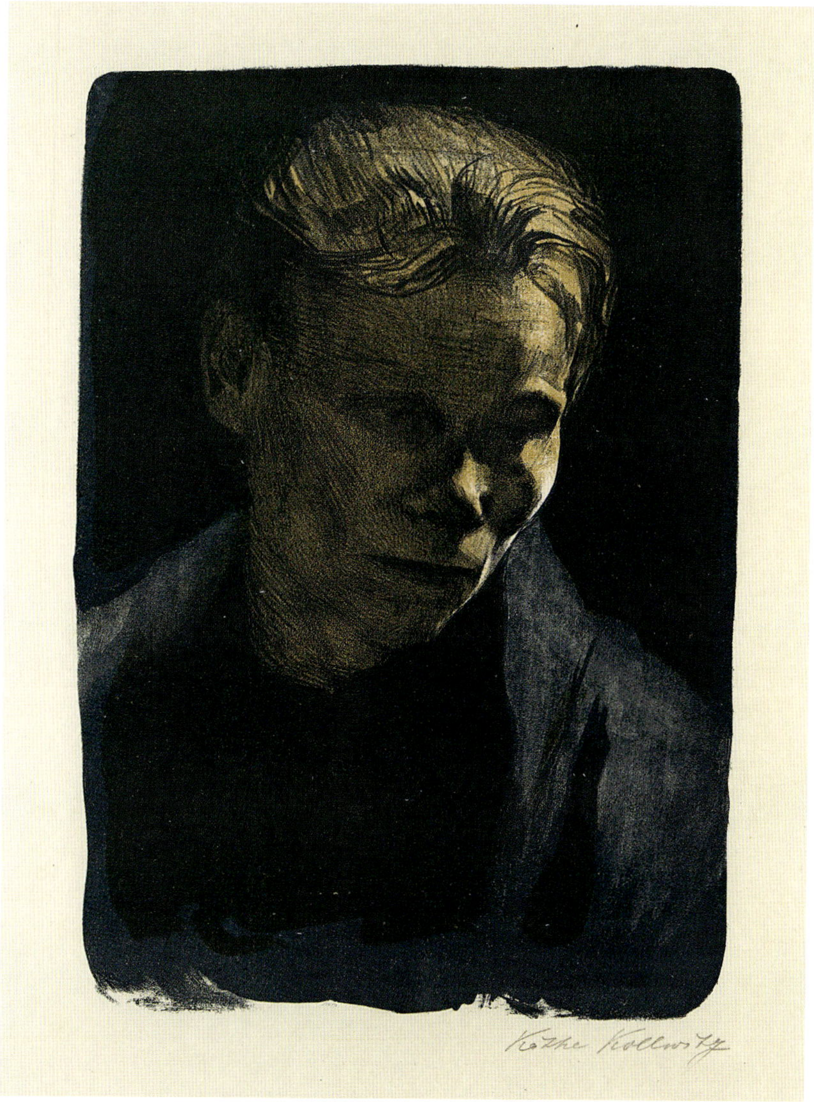

21 Brustbild einer Arbeiterfrau mit blauem Tuch, 1903

Farblihtographie, 35,2 x 24,6 cm

Staatliches Museum Schwerin, Käthe Kollwitz-Sammlung

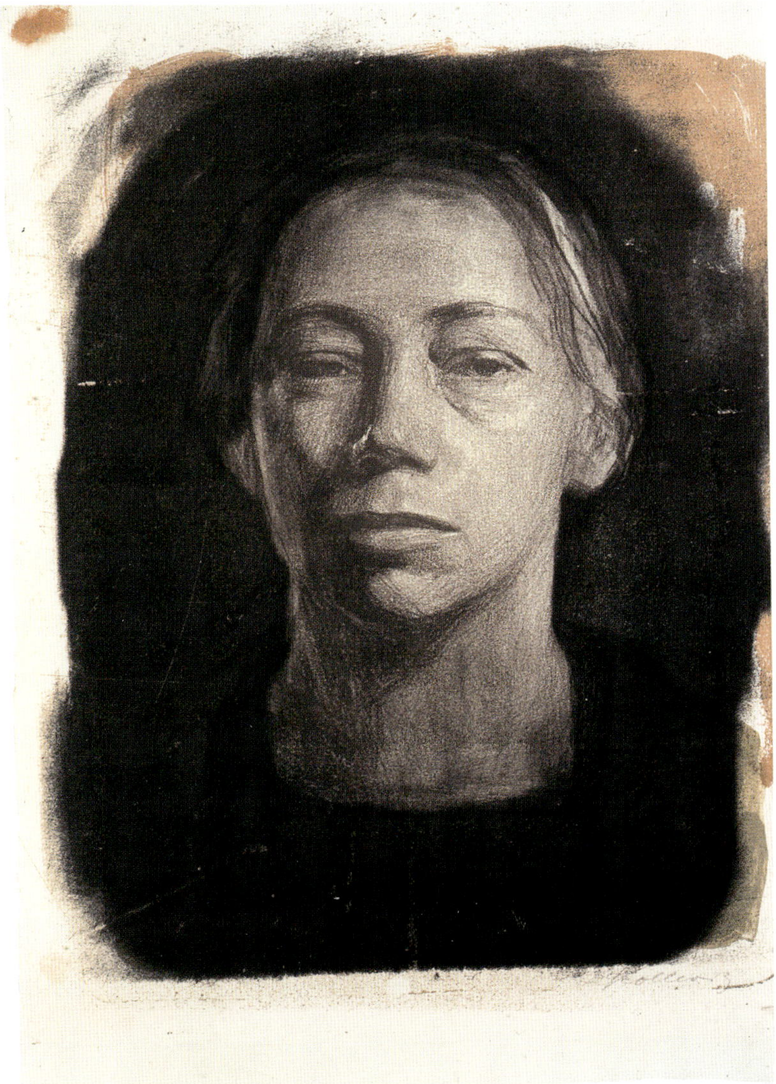

22 Selbstbildnis en face, 1904

Farblithographie, 47,9 x 33 cm

Kupferstichkabinett, Staatliche Museen zu Berlin, Preußischer Kulturbesitz

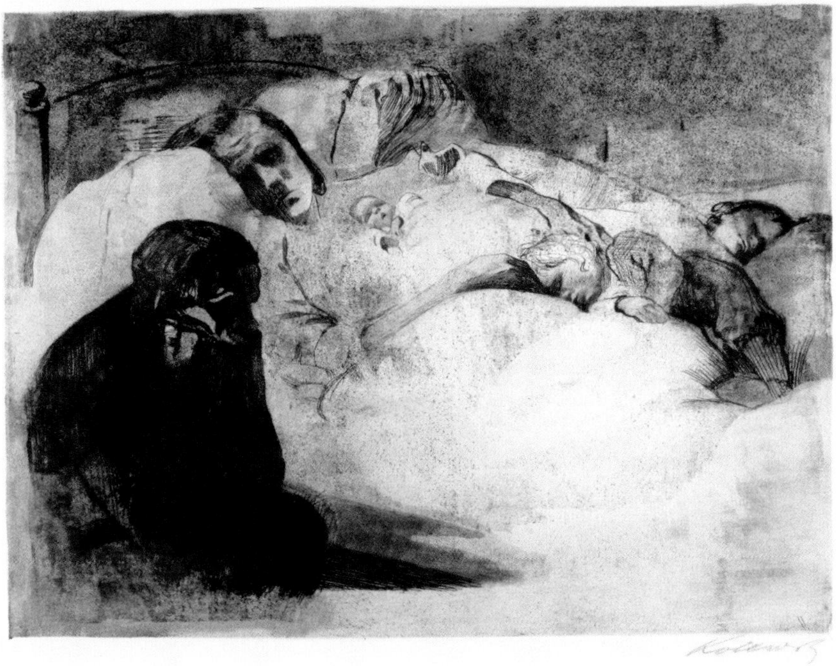

23 Arbeitslosigkeit, 1909

Radierung, Kaltnadel, Schmirgeldurchdruck (Vernis mou), 44,4 x 54,4 cm

Staatliches Museum Schwerin, Käthe Kollwitz-Sammlung

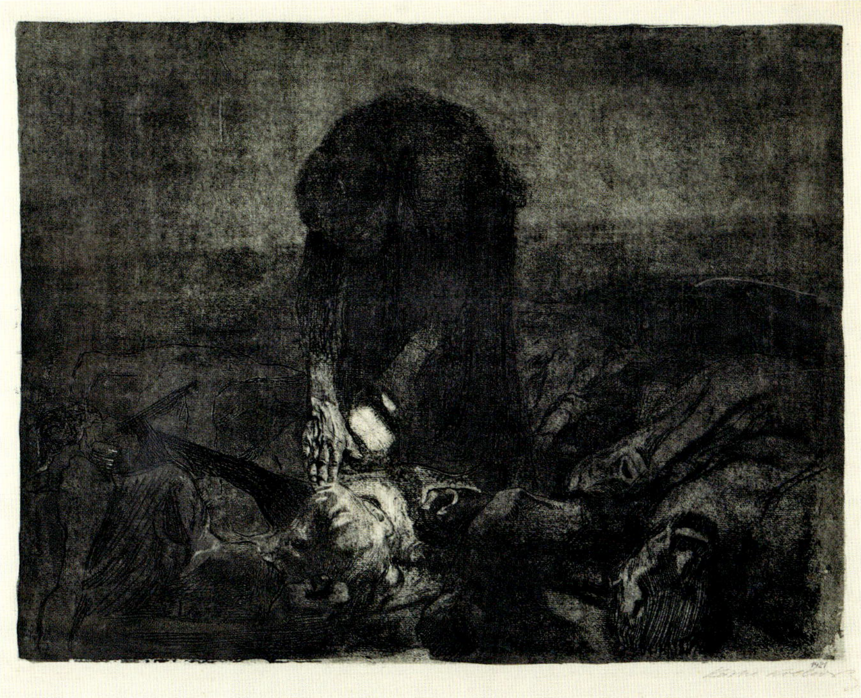

24 Schlachtfeld, 1907

Blatt 6 der Folge »Bauernkrieg«

Radierung und Durchdruckverfahren (Vernis mou)

Staatliche Kunstsammlungen Dresden, Kupferstich-Kabinett

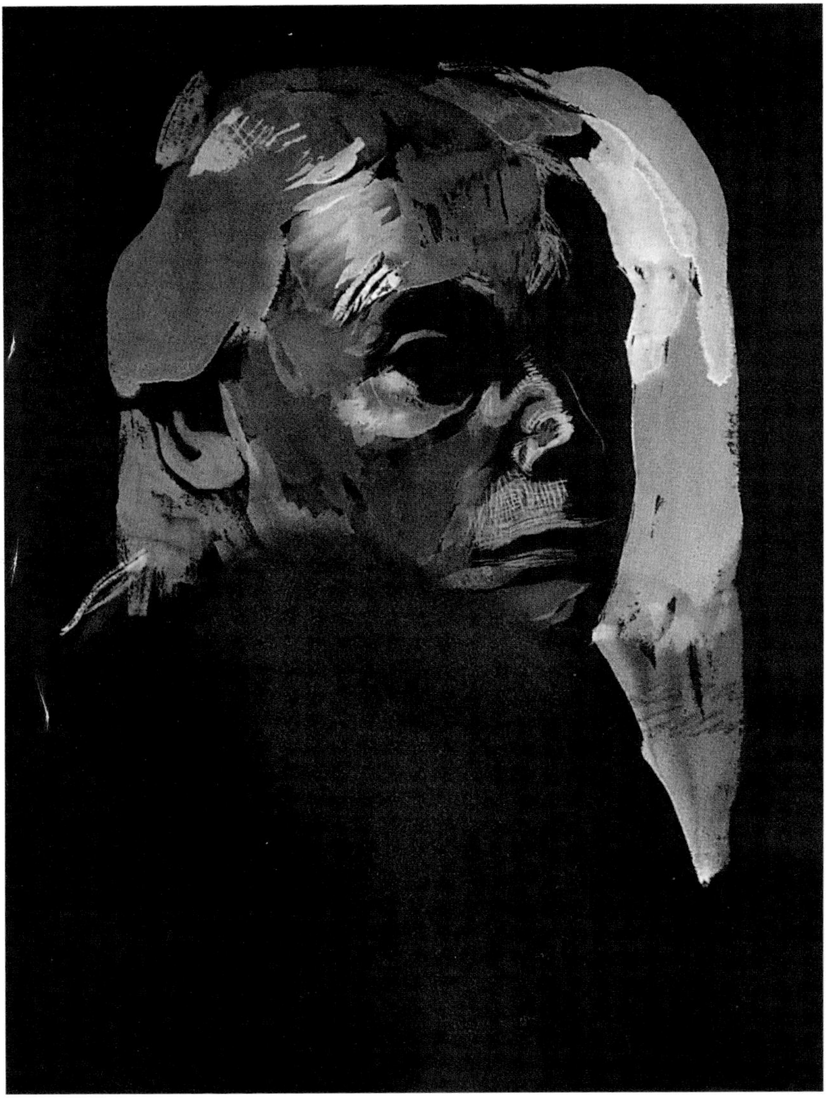

25 Selbstbildnis nach halbrechts, um 1909
Pinsel, Tusche, weiß gehöht auf schwarzem Papier, 25,5 x 23,5 cm
Museum der bildenden Künste, Leipzig

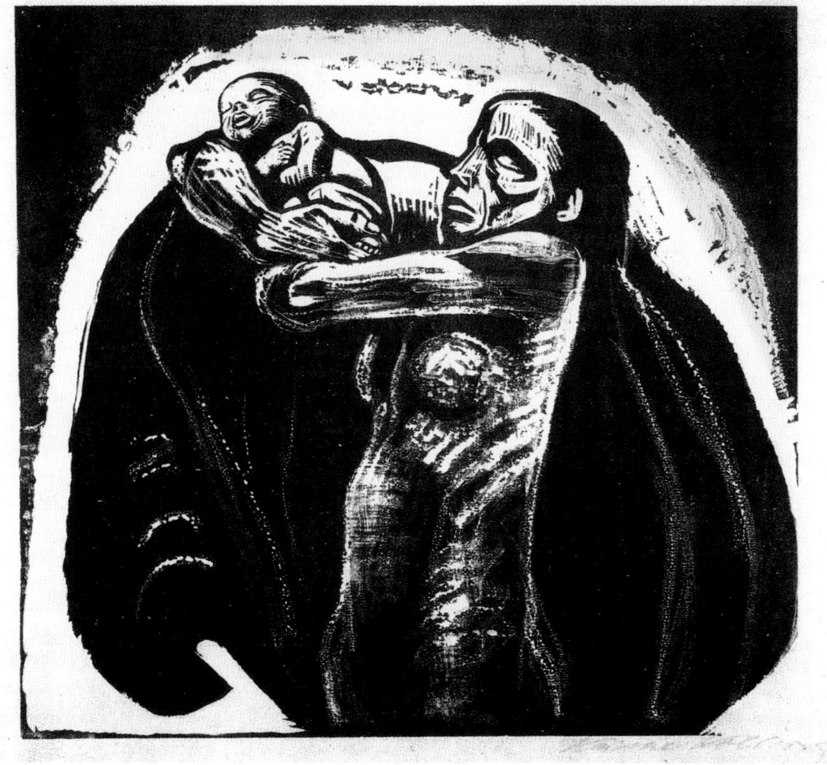

26 Das Opfer, 1922

Blatt 1 der Folge »Krieg«, Holzschnitt, überzeichnet, Probeabzug, 41,9 x 43,8 cm

National Gallery of Art, Washington, Rosenwald Collection

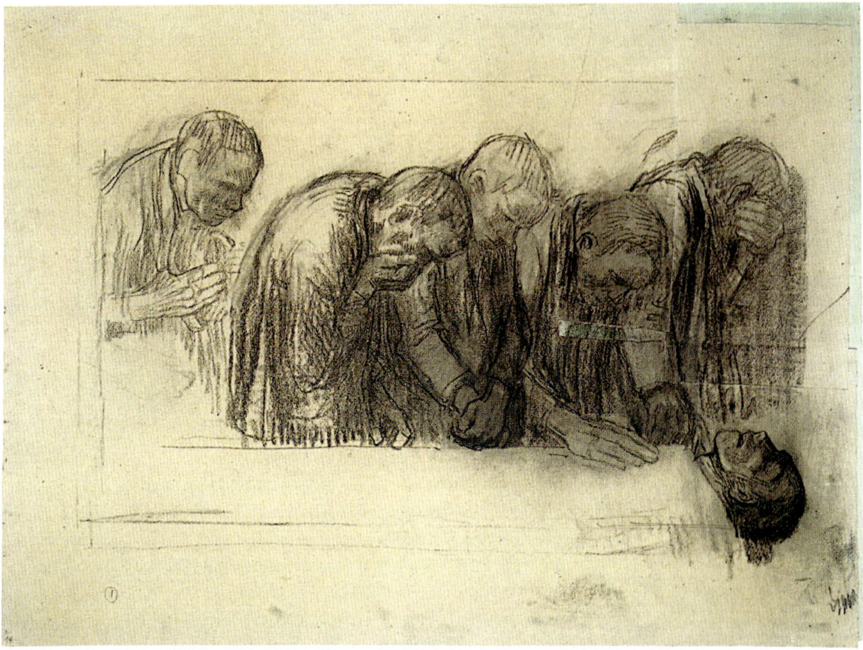

27 Gedenkblatt für Karl Liebknecht, 1919

Kohle, zerschnitten, wieder zusammengefügt und auf einem anderen Blatt aufgeklebt, 48 x 63,3 cm Privatsammlung

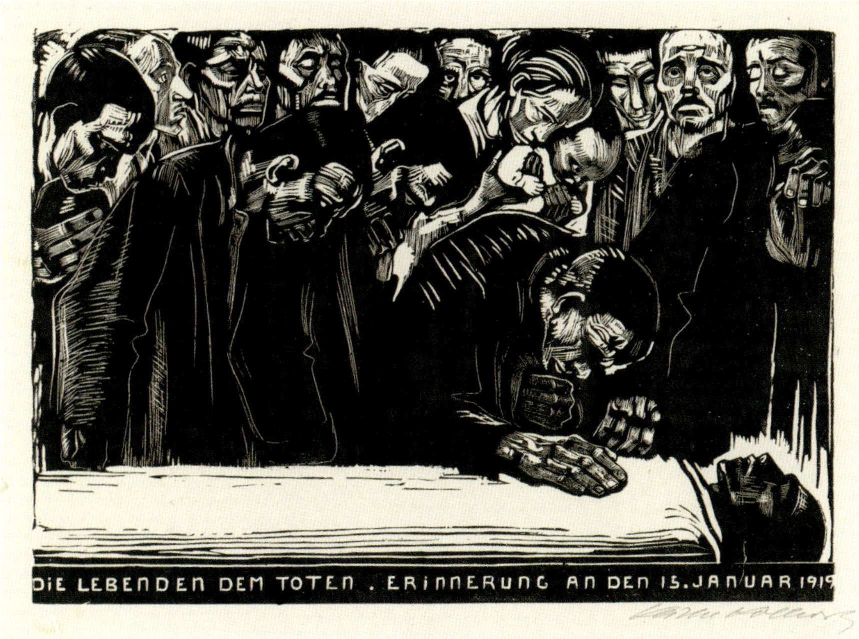

28 Gedenkblatt für Karl Liebknecht, 1919

Holzschnitt, 35 x 55 cm

Käthe Kollwitz Museum Köln

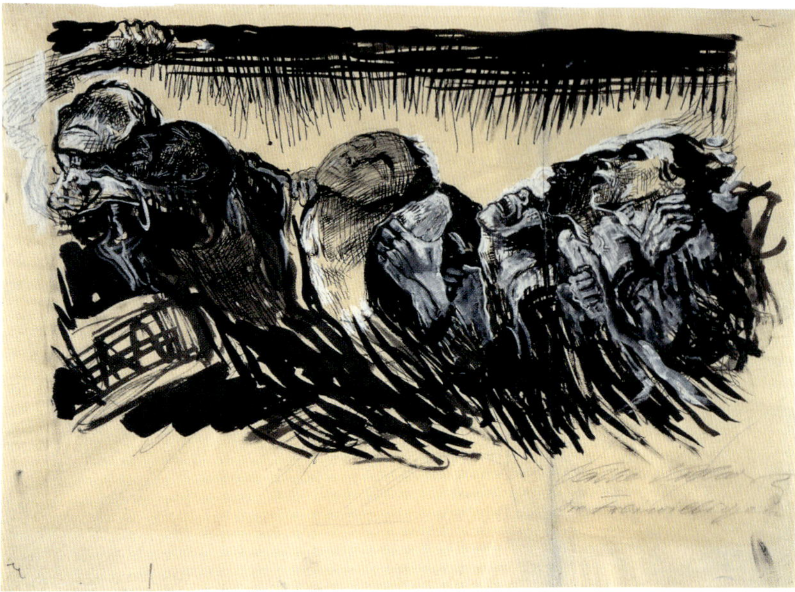

29 Die Freiwilligen, 1920

Studie zu Blatt 2 der Folge »Krieg«, Feder, Pinsel in Tusche, 40 x 55,4 cm

Sammlung EWK, Bern

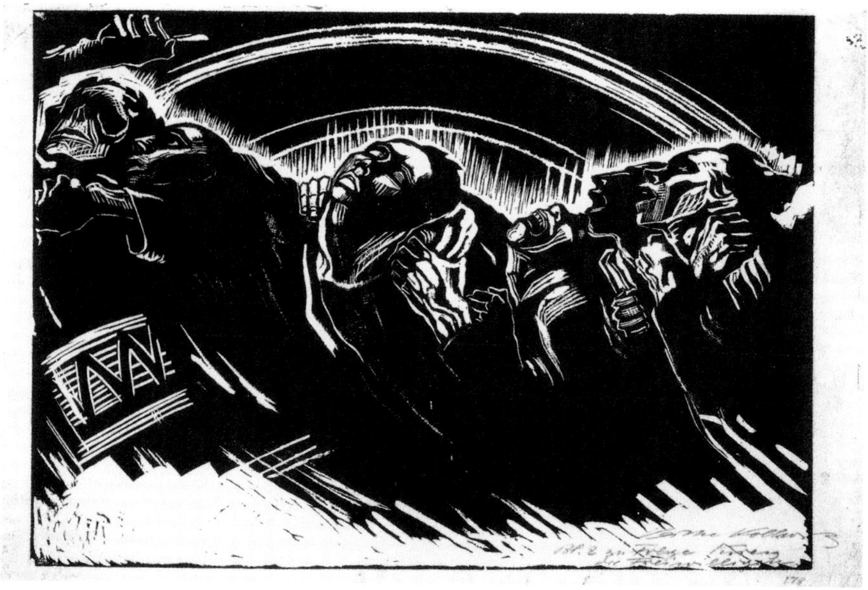

30 Die Freiwilligen, 1922

Blatt 2 der Folge »Krieg«, Holzschnitt auf Japanpapier, 35 x 49 cm

Privatsammlung

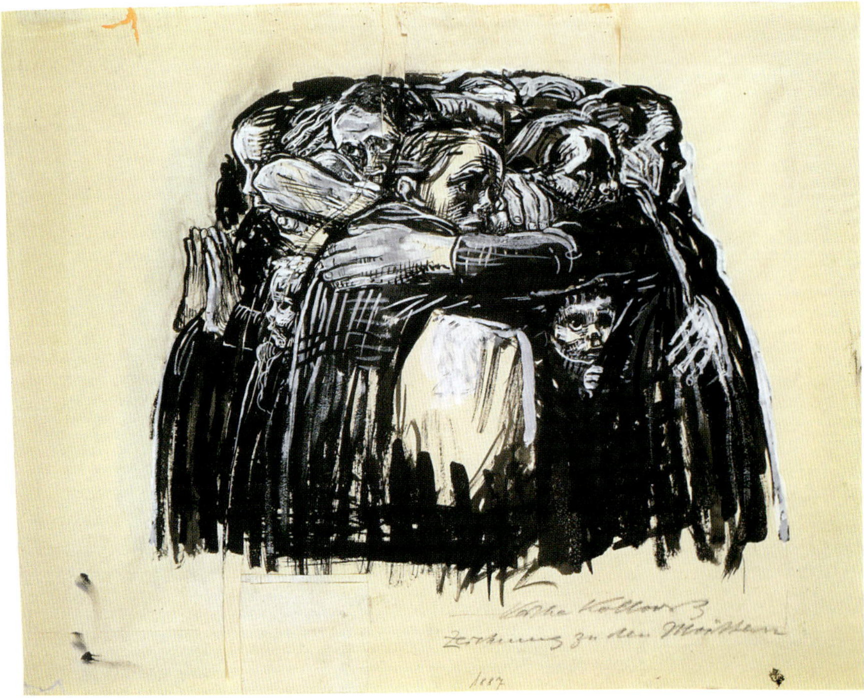

31 Die Mütter, 1921

Studie zu Blatt 6 der Folge »Krieg«

Feder und Pinsel, gehöht, auf verschiedenen zusammengeklebten Papieren, 45 x 58,9 cm

Museum of Fine Arts, Boston, Frederick Brown Fund

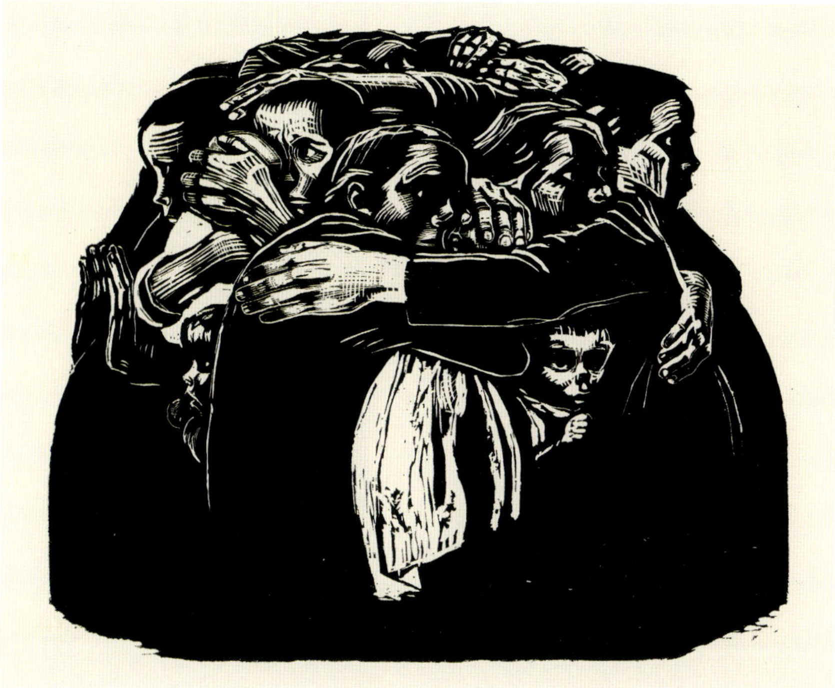

32 Die Mütter, 1922/23

Blatt 6 der Folge »Krieg«

Holzschnitt, 30 x 40 cm

Privatsammlung

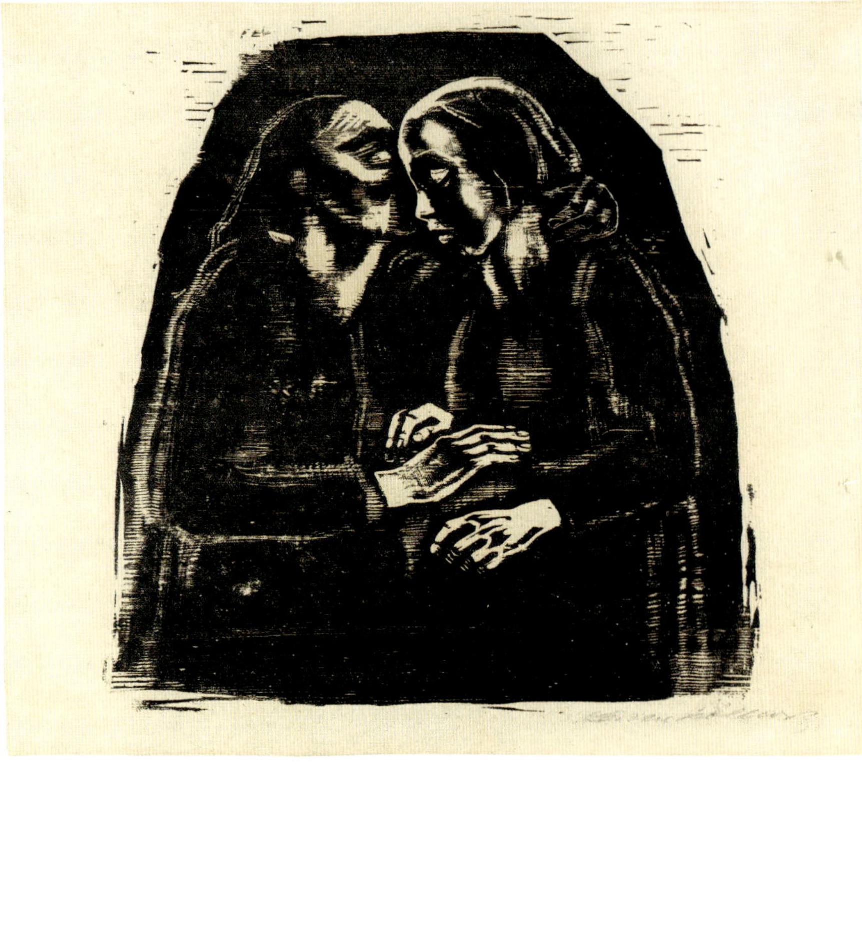

33 Maria und Elisabeth, 1928
Holzschnitt auf Japanpapier, 36,1 x 34,8 cm
Käthe Kollwitz Museum Köln

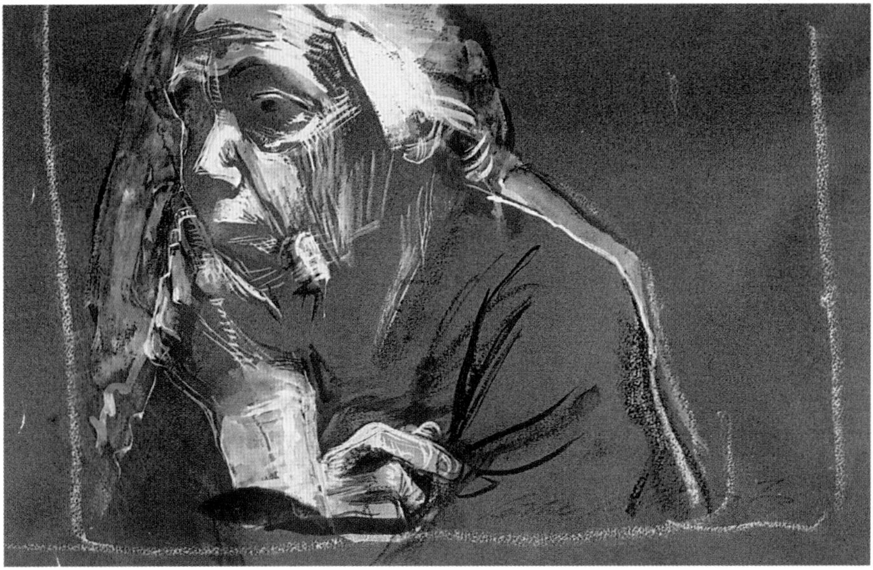

34 Selbstbildnis, 1924

Kreide, Pinsel in Deckweiß und Tusche, 22,5 x 47,5 cm

Privatbesitz

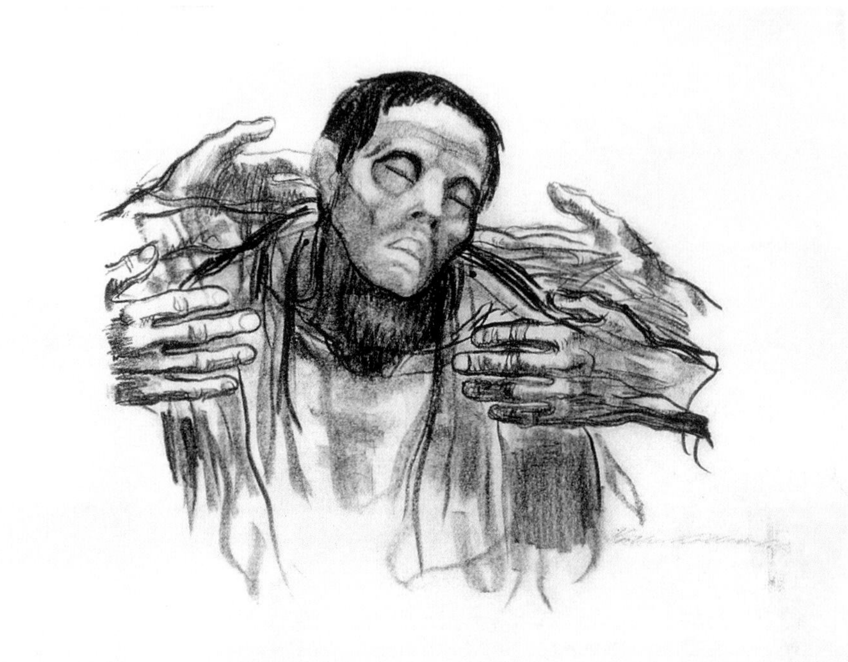

35 Helft Rußland, 1921

Lithographie, 40 x 48 cm

Käthe Kollwitz Museum Köln

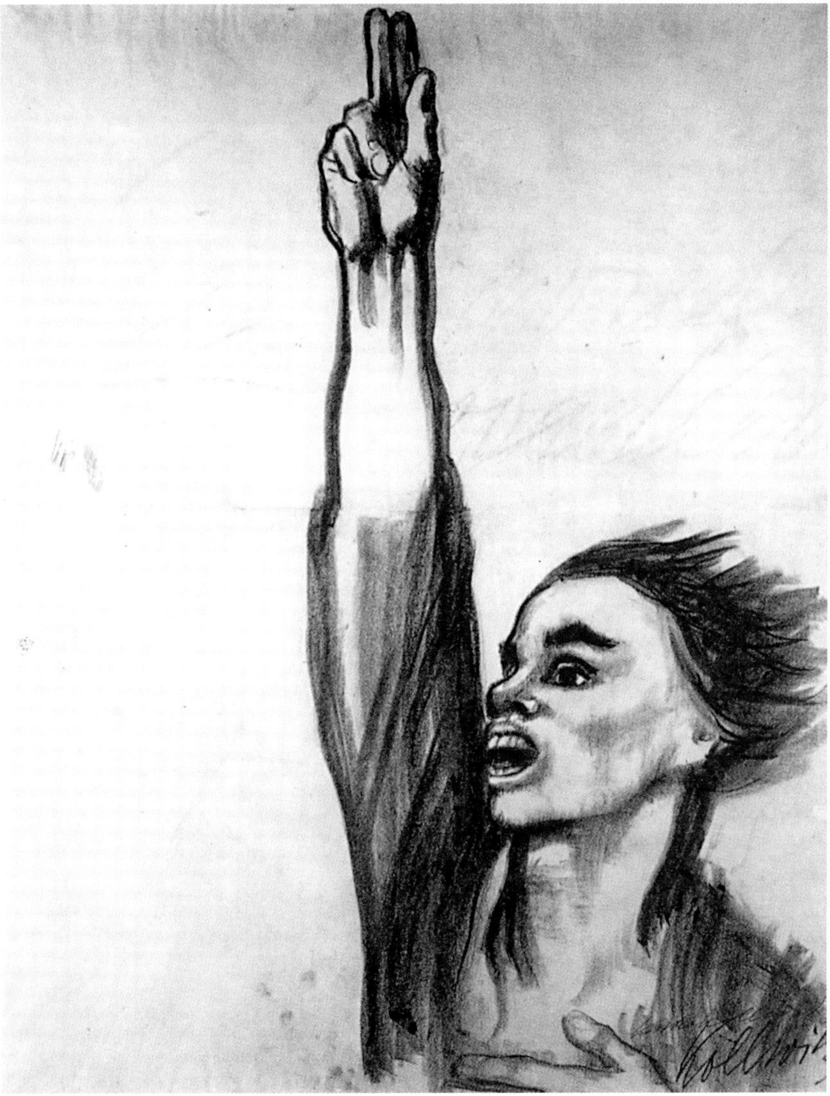

36 Nie wieder Krieg, 1924
Lithokreide, Kohle und Tusche auf zwei zusammengefügten Bögen, 97,5 x 74,1 cm
National Gallery of Art, Washington, Rosenwald Collection

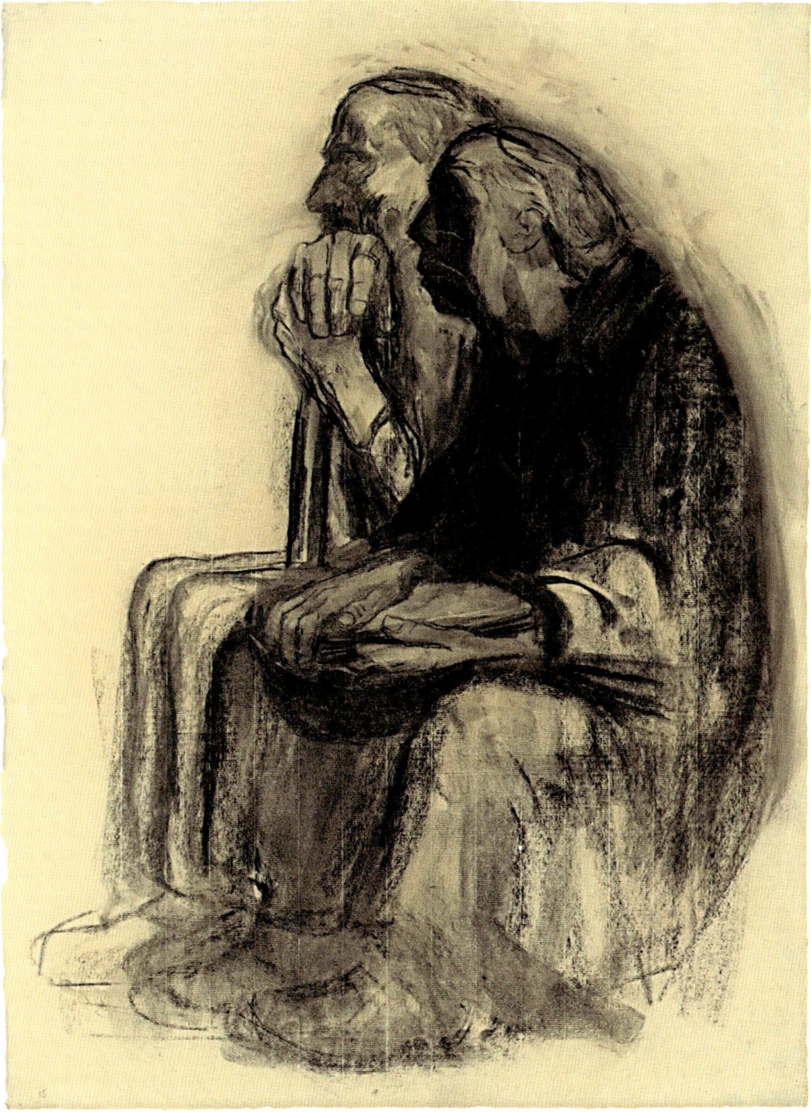

37 Selbstbildnis mit Karl Kollwitz, 1938
Kohle auf gerippten Papier, 65,3 x 47,5 cm
Käthe Kollwitz Museum Köln

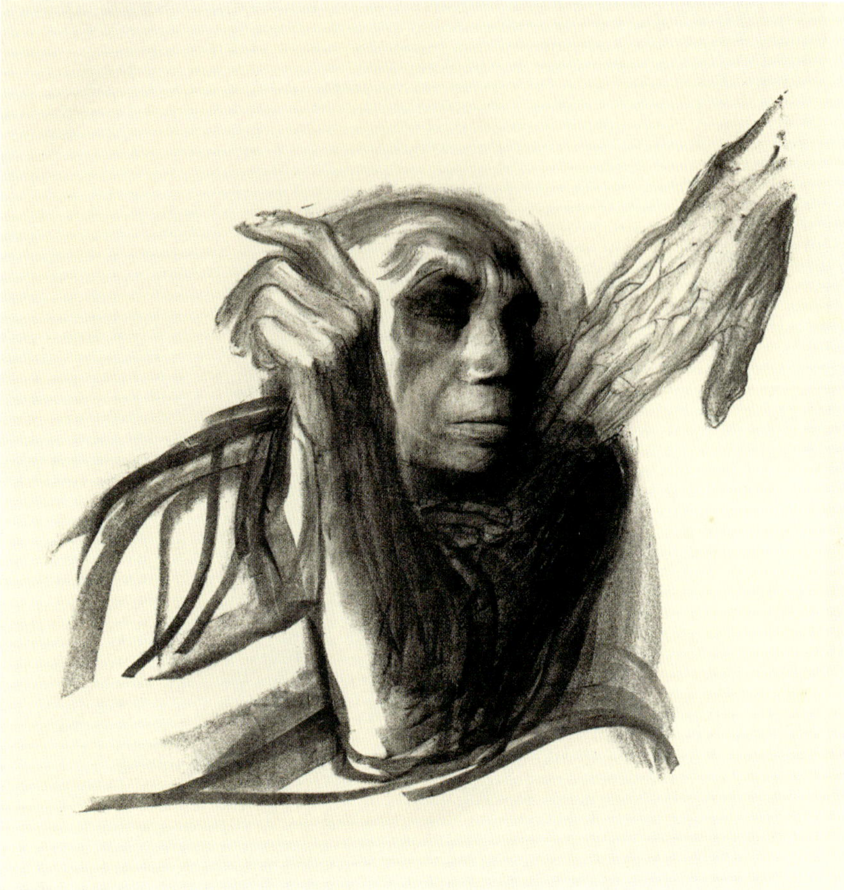

38 Ruf des Todes, 1934/35

Blatt 8 der Folge »Tod« Lithographie, 38 x 38,3 cm

Privatsammlung

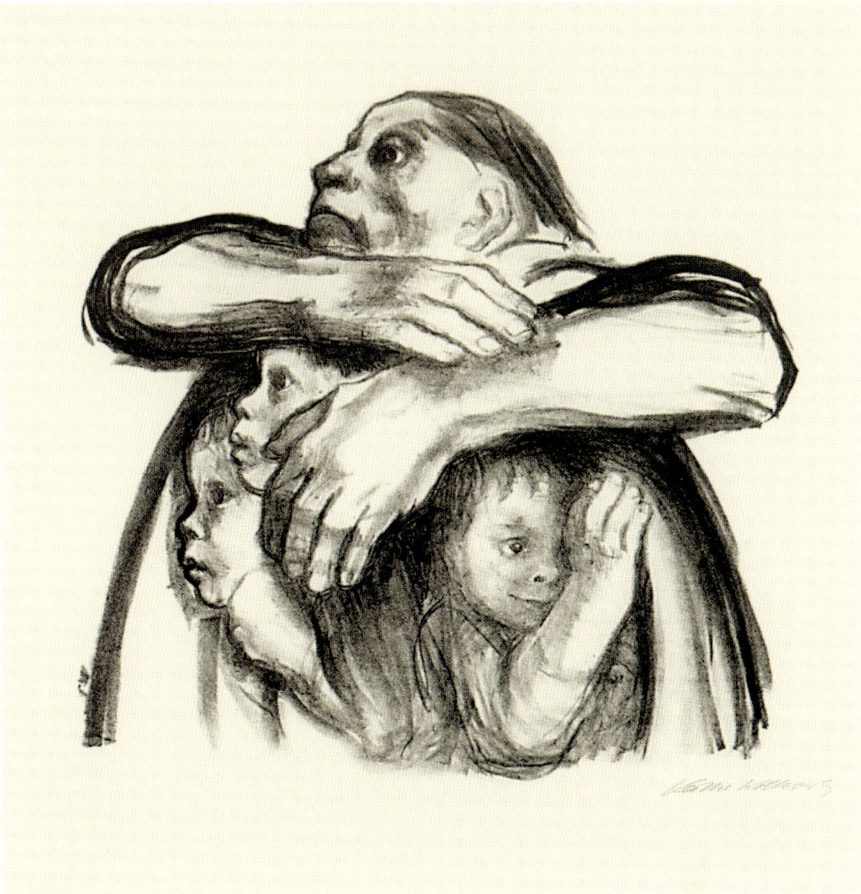

39 Saatfrüchte sollen nicht vermahlen werden, 1942
Lithographie, 37 x 39,5 cm
Käthe Kollwitz Museum Köln

II. Plastische Arbeiten

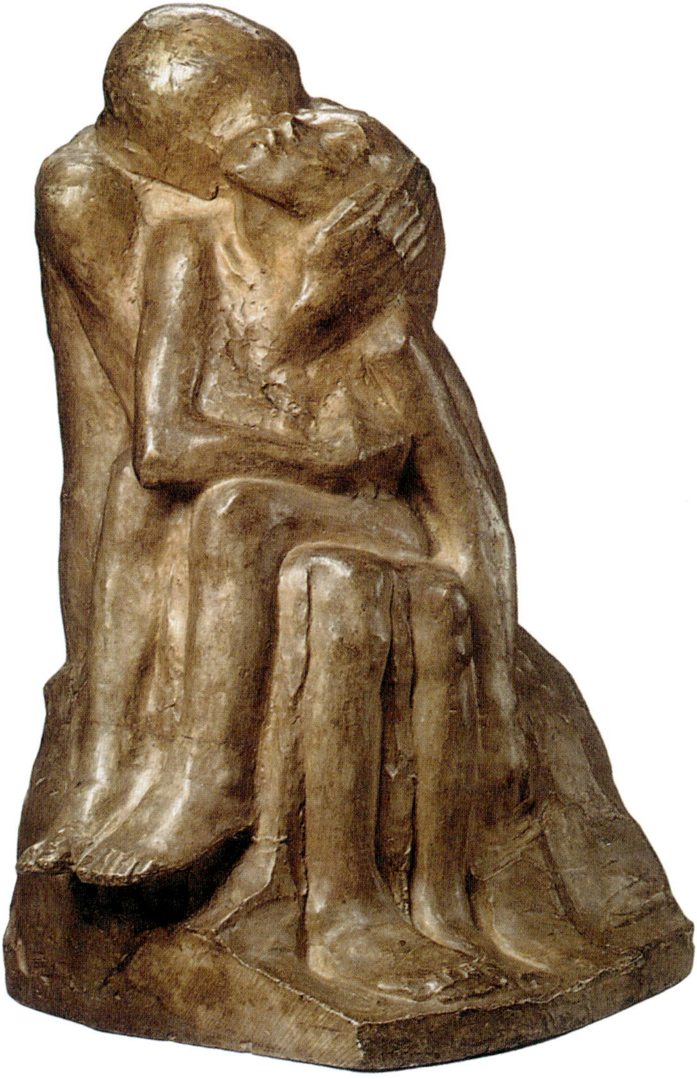

40 Liebespaar, 1913

Gips, Höhe 74,3 cm

Museum of Fine Arts, Boston, Schenkung Mr. and Mrs. Hyman W. Swetzoff

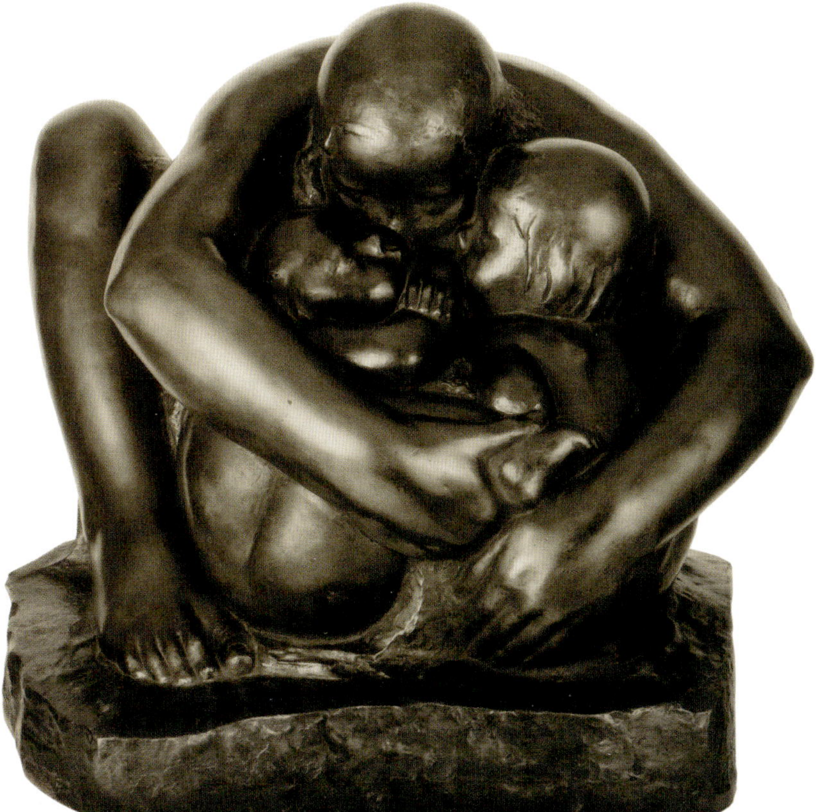

41 Mutter mit Zwillingen, 1924–37
Bronze, Höhe 76 cm
Käthe Kollwitz Museum Köln

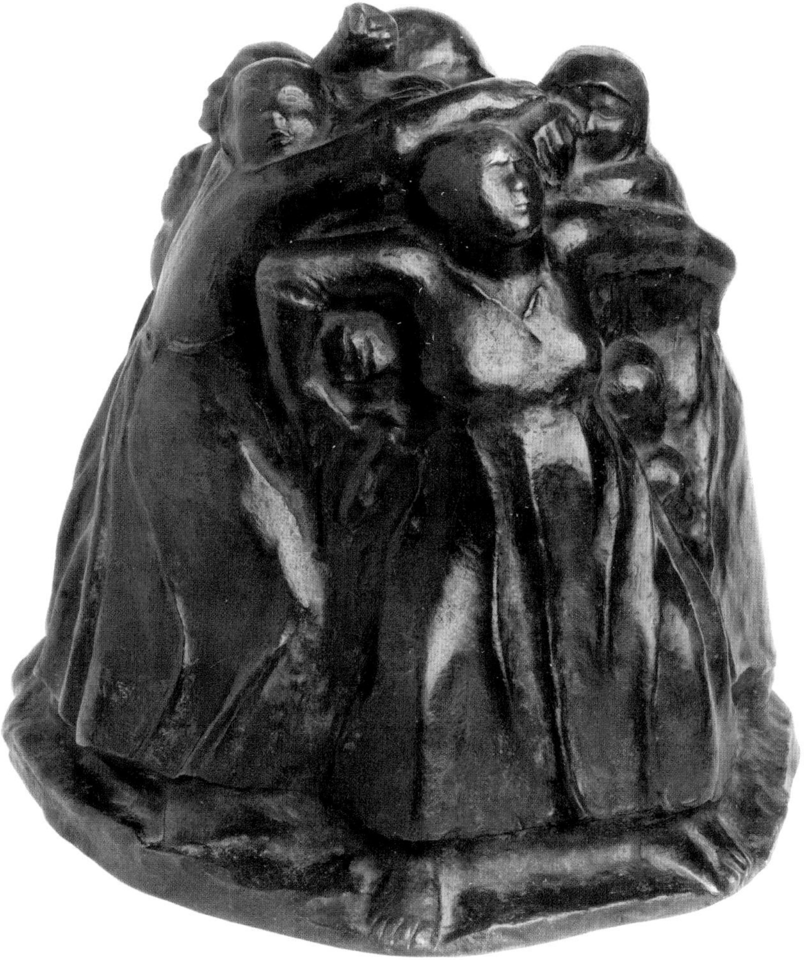

42 Turm der Mütter, 1937–1938

Bronze, Höhe 27 cm

The Baltimore Museum of Art,

Schenkung zum Gedenken an Joseph Katz von seinen Kindern

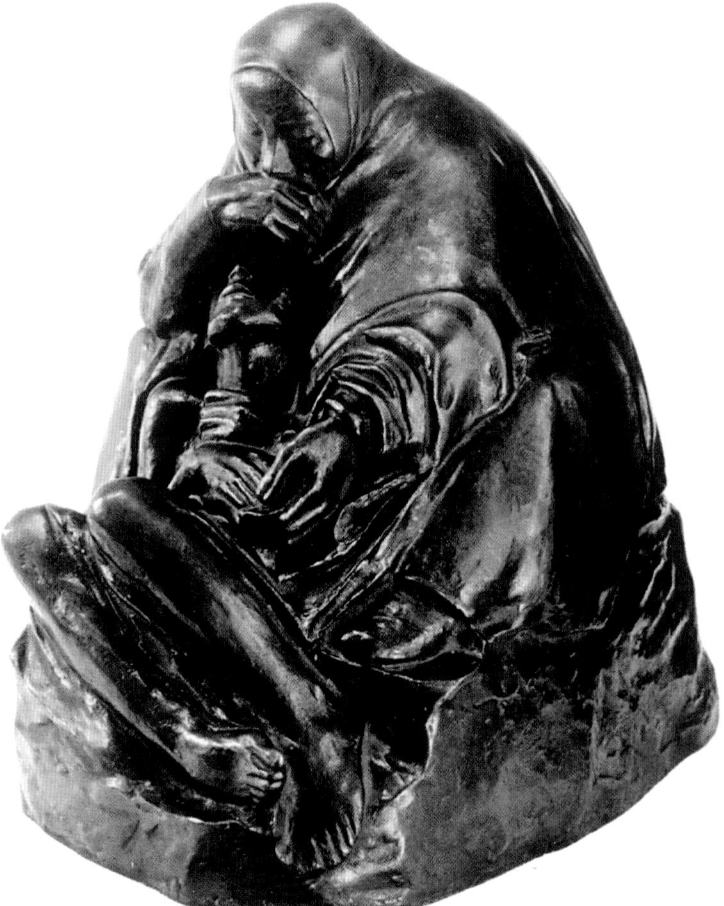

43 Trauernde Mutter mit totem Sohn, 1937
Bronze, Höhe 38 cm
Käthe Kollwitz Museum Berlin

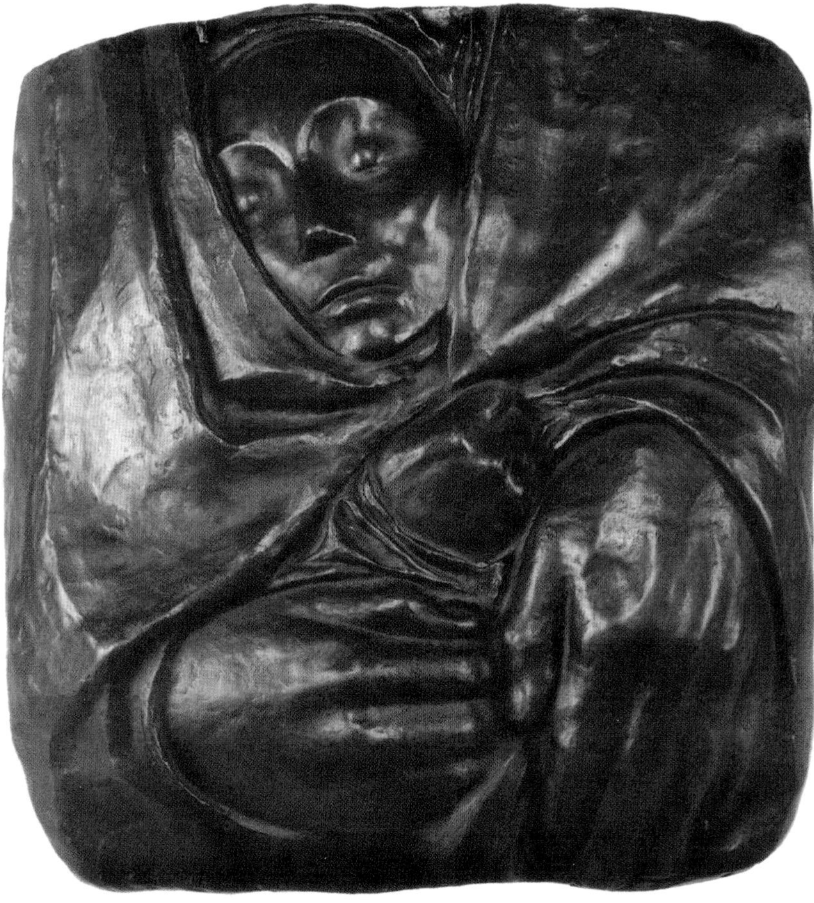

44 Ruht im Frieden seiner Hände, 1935
Bronze, Höhe 35 cm
National Gallery of Art, Washington

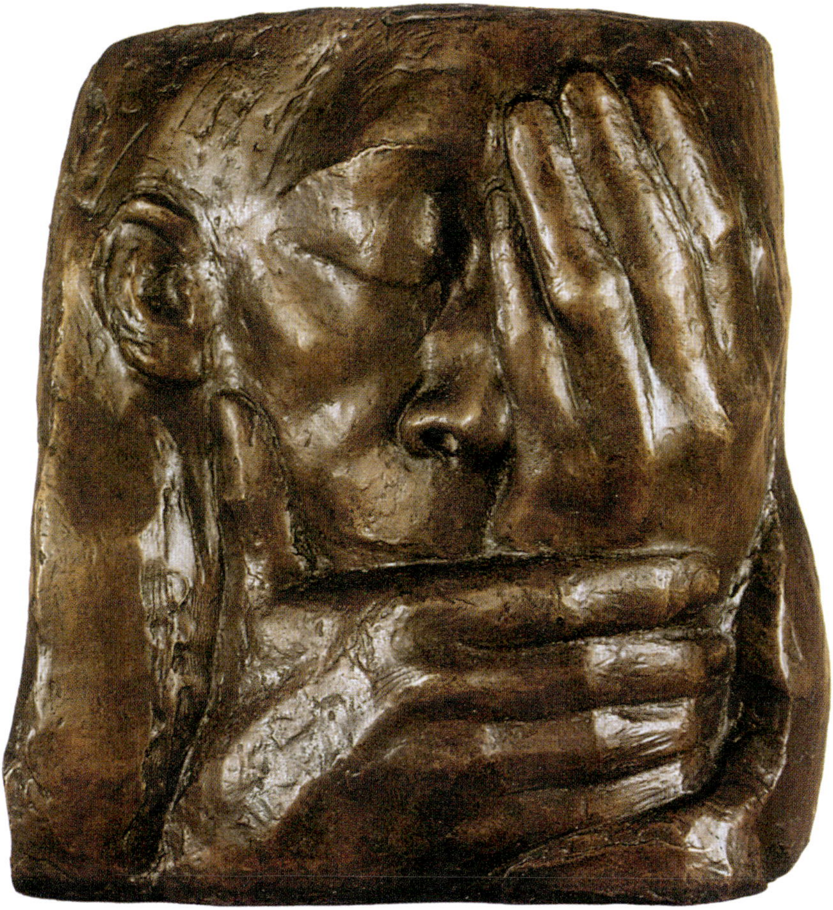

45 Die Klage. Zum Gedenken an den Tod von Ernst Barlach 1938, 1938
Bronze, Höhe 26,5 cm, Hirshhorn Museum and Sculpture Garden,
Smithsonian Institution, Washington, Schenkung Joseph H. Hirshhorn, 1966

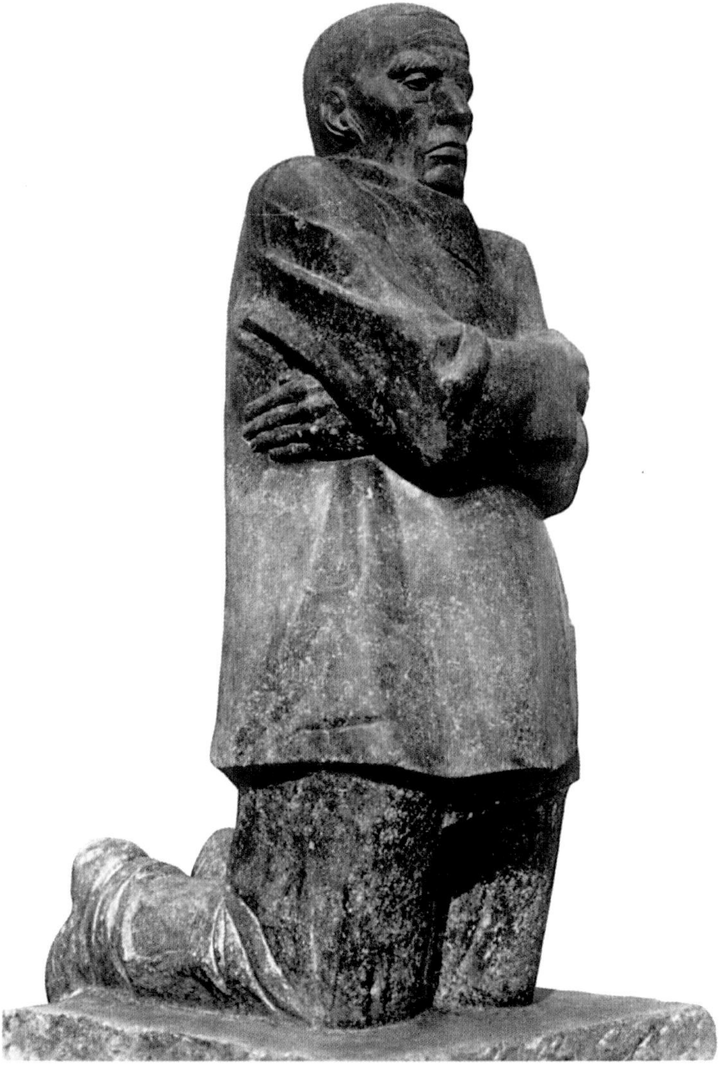

46 Der Vater, 1926–31

Figur der Skulpturengruppe »Die Eltern«, Belgischer Granit, Höhe 151 cm

Gefallenenfriedhof Vladsloo-Praedbosch, Belgien

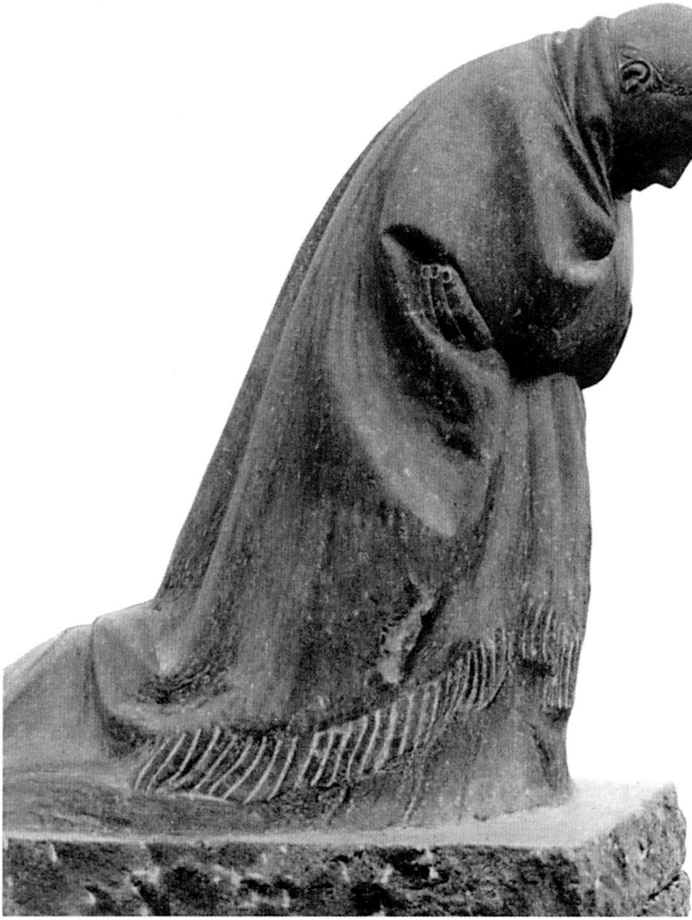

47 Die Mutter, 1926–31

Figur der Skulpturengruppe »Die Eltern«, Belgischer Granit, Höhe 122 cm
Gefallenenfriedhof Vladsloo-Praedbosch, Belgien

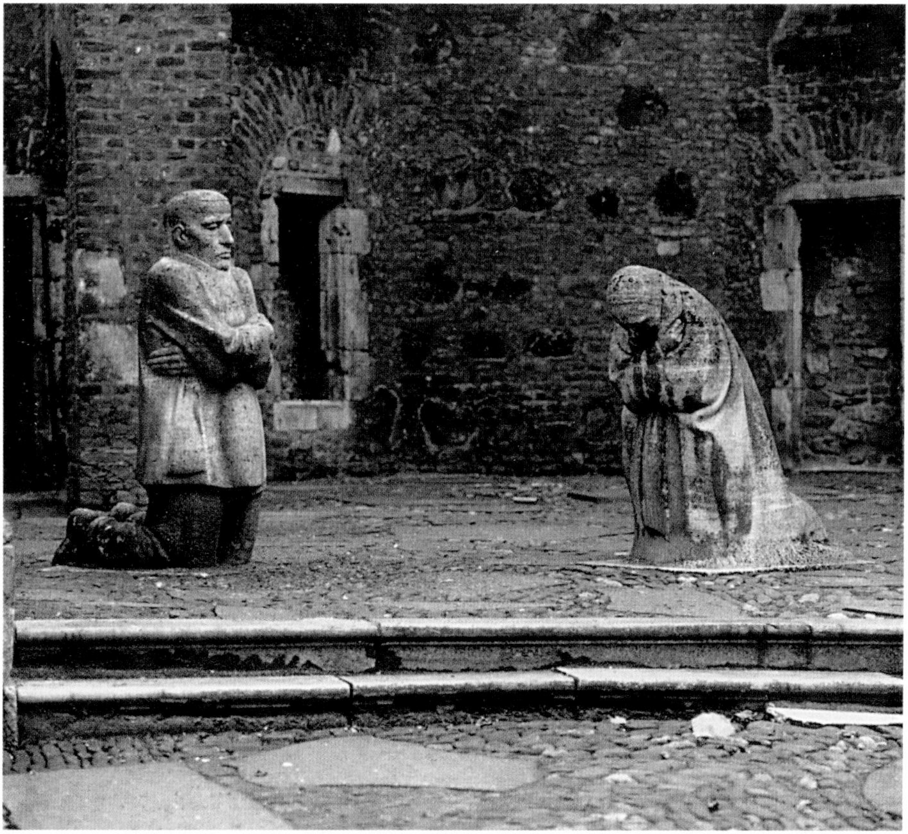

48 Trauerndes Elternpaar, 1953

Kopien der Elternfiguren, gearbeitet von Schülern der Bildhauerklasse Ewald Matarés
(Erwin Heerich, Herbert Belau, Joseph Beuys und Karl Franke)
Kirchenruine von St. Alban, Köln

Biographie

1867 8. Juli: Käthe Schmidt wird als fünftes Kind des Maurermeisters Karl Schmidt und seiner Frau Katharina, geb. Rupp, in Königsberg geboren. Ihr Vater hatte eine juristische Karriere aufgegeben, da sie ihm mit seinen christlich-liberalen Vorstellungen unvereinbar schien. Ihre Mutter war die Tochter von Julius Rupp, dem Begründer der ersten freireligiösen Gemeinde in Deutschland.

1881/82 Erster privater Kunstunterricht bei dem Maler G. Naujok und dem Kupferstecher Rudolf Mauer in Königsberg.

1884 Bereist mit ihrer Mutter und ihrer Schwester Lise die Schweiz. Ihr Bruder Konrad, der in Zürich Nationalökonomie studiert und in London Friedrich Engels begegnet, eröffnet ihr den Zugang zur Sozialdemokratie. Verlobung mit dem Medizinstudenten Karl Kollwitz.

1885/86 Studium an der Künstlerinnenschule in Berlin bei Karl Stauffer-Bern.

1887 Privater Kunstunterricht bei Emil Neide in Königsberg.

1888/89 Studium an der Künstlerinnenschule in München bei Ludwig Herterich.

1891 13. Juni: Heiratet Dr. Karl Kollwitz, der sich im Norden Berlins (Weißenburger Straße 25, jetzt Käthe-Kollwitz-Straße) als Kassenarzt niederläßt.

1892 14. Mai: Geburt des Sohnes Hans.

1893 Teilnahme an der Freien Kunstausstellung in Berlin. Inspiriert von der Uraufführung des Schauspiels *Die Weber* von Gerhart Hauptmann im Berliner Neuen Theater am 26. Februar, beginnt sie mit den Vorarbeiten zu der sechsteiligen Folge *Ein Weberaufstand.*

1893–1897 Arbeit am Zyklus *Ein Weberaufstand.*

1896 6. Februar: Geburt des Sohnes Peter.

1898 29. März: Tod ihres Vaters. *Ein Weberaufstand* wird auf der Großen Berliner Kunstausstellung gezeigt. Der Vorschlag der Jury, sie mit einer kleinen goldenen Medaille auszuzeichnen, wird von Kaiser Wilhelm II. abgelehnt.

1889–1903 Lehrerin an der Künstlerinnenschule in Berlin.

1899 Eintritt in die neu gegründete Berliner Secession.

1903 Max Lehrs, Direktor des Dresdner Kupferstich-Kabinetts, veröffentlicht in der Zeitschrift *Die graphischen Künste* ein erstes Œuvre-Verzeichnis.

1903–1908 Arbeit an dem Zyklus *Der Bauernkrieg.*

1904 Während eines mehrwöchigen Studienaufenthalts in Paris besucht Käthe Kollwitz die Bildhauerklasse der Académie Julian. Sie begegnet dem Zeichner Théophile Steinlen und dem Bildhauer Auguste Rodin.

1906 Plakat zur Deutschen Heimarbeit-Ausstellung, das auf Wunsch der Kaiserin entfernt werden muß.

1907 März–Juli: Sie bereist als Stipendiatin des von Max Klinger begründeten Villa-Romana-Preises Italtien.

1907–1909 Zeichnungen für den *Simplicissimus.*

1908 *Der Bauernkrieg* erscheint als Vereinsgabe der Verbindung für historische Kunst.

1909 Sie modelliert ein Portrait-Relief in Gedenken an ihren Großvater Julius Rupp, ihre erste plastische Arbeit.

1910 Weitere plastische Arbeiten: Portraitbüste der Söhne, eine Mutter- und Kindgruppe, eine klagende Frau.

1912 Käthe Kollwitz bezieht ihr erstes eigenes Atelier außerhalb der Wohnung in der Weißenburger Straße.

1913 Werkverzeichnis der Radierungen und Lithographien von Johannes Sievers. *Der Kunstwart* veröffentlicht ein Portfolio mit fünfzehn graphischen Arbeiten und einem Vorwort von Avenarius.

1914 Bei Kriegsausbruch melden sich ihre Söhne freiwillig. Der achtzehnjährige Peter fällt am 22. Oktober in Dixmuiden in Belgien.

1917 Anläßlich des 50. Geburtstags von Käthe Kollwitz finden zahlreiche Ausstellungen ihres Werkes in Deutschland statt (Berliner Secession, Kunstverein Königsberg, Kunsthalle Bremen und bei Paul Cassirer in Berlin).

1918 Am 30. Oktober veröffentlicht der *Vorwärts* »Es ist genug gestorben«, Käthe Kollwitz' Entgegnung auf Richard Dehmels Kriegsappell.

1919 Am 24. Januar wird sie als erste Frau in die Preußische Akademie der Künste aufgenommen und erhält den Professoren-Titel. 25. Januar: Käthe Kollwitz zeichnet den ermordeten Karl Liebknecht auf Wunsch seiner Familie. Von Barlach angeregt entstehen ihre ersten Holzschnitte.

1920 Der Emil Richter-Verlag bringt eine Mappe mit 24 Lichtdrucken nach Zeichnungen von Käthe Kollwitz heraus.

1921 Mit dem Plakat *Helft Rußland* folgt sie dem Aufruf der Internationalen Arbeiterhilfe an alle fortschrittlichen Künstler und Intellektuellen.

1924 Die Holzschnitt-Folge *Der Krieg* ist abgeschlossen. Sie erscheint, wie auch die acht Zeichnungen *Abschied und Tod* mit einem Vorwort von Gerhart Hauptmann, als Mappenwerk. Käthe Kollwitz entwirft ihre berühmtesten Plakate: *Deutschlands Kinder hungern!, Nieder mit dem Abtreibungsparagraphen!* und *Nie wieder Krieg* und beteiligt sich an der ersten deutschen Kunstausstellung in der Sowjetunion.

1925 16. Februar: Tod der Mutter. Der Zyklus *Proletariat* entsteht.

1926 Käthe und Karl Kollwitz besichtigen den Soldatenfriedhof in Roggevelde, auf dem ihr Sohn Peter begraben liegt. Hier soll das seit 1914 geplante Denkmal für die Kriegsfreiwilligen Aufstellung finden.

1927 Ehrungen anläßlich ihres 60. Geburtstags. Die Stadt Berlin schenkt ihr einen Geldbetrag für den belgischen Granit, aus dem sie das Mahnmal *Die Eltern* hauen lassen kann. Reise in die Sowjetunion anläßlich des 10. Jahrestages der Oktoberrevolution. Ausstellungen in Moskau und Kasan.

1928 Berufung zur Leiterin des Meisterateliers für Graphik und der Akademie der Künste. Sie selbst arbeitet vorwiegend plastisch.

1929 Verleihung des Ordens *Pour le mérite* der Friedensklasse für Wissenschaften und Künste.

1931 Nach 17-jähriger Arbeit am Ehrendenkmal für den toten Sohn stellt Käthe Kollwitz die Figuren der trauernden Eltern in Gips in der Akademie aus.

1932 Im Juli wird das Gefallenen-Denkmal *Die Eltern* in Roggevelde bei Dixmuiden aufgestellt, das 1955 seinen jetzigen Standort auf dem Gefallenenfriedhof Vladsloo-Praedbosch, ebenfalls Belgien, findet.

1933 Sie unterzeichnet einen Aufruf zur Bildung einer Volksfront von Kommunisten und Sozialdemokraten, um den Sieg der Nationalsozialisten bei den bevorstehenden Wahlen zu verhindern. 15. August: Sie wird zum Austritt aus der Preußischen Akademie der Künste genötigt. Dr. Karl Kollwitz wird vorübergehend die Approbation entzogen und auch Hans, ihr Sohn, verliert zeitweilig seine Stelle als Arzt.

1934–1937 Die acht Lithographien der Folge *Tod* erscheinen.

1935 Arbeit am eigenen Grabrelief.

1936 Käthe Kollwitz erhält inoffizielles Ausstellungsverbot, 31 ihrer Werke werden aus Museen und Galerien entfernt.

1937 Die von der Galerie Nierendorf geplante Retrospektive anläßlich ihres 70. Geburtstags wird wie eine Ausstellung ihrer graphischen Arbeiten im dänischen Odense von staatlicher Seite untersagt. Käthe Kollwitz zeigt daraufhin eine Auswahl von Arbeiten in ihrem Atelier in der Klosterstraße.

1938 Arbeit an den Plastiken *Mutter mit totem Sohn* und *Turm der Mütter.*

1940 Karl Kollwitz stirbt am 19. Juli. Käthe Kollwitz gibt ihr Atelier in der Klosterstraße auf und gestaltet das häusliche Wohnzimmer zur Künstlerwerkstatt um.

1942 22. September: Ihr Enkel Peter fällt in der Sowjetunion.

1943 Käthe Kollwitz zieht zu der Bildhauerin Margret Böning nach Nordhausen, um den Bombenangriffen auf Berlin zu entgehen. Die Berliner Wohnung in der Weißenburger Straße wird am 23. November zerstört.

1944 Da auch Nordhausen immer stärker bedroht ist, folgt sie einer Einladung des Prinzen von Sachsen und zieht nach Moritzburg bei Dresden.

1945 22. April: Wenige Tage vor der Kapitulation stirbt Käthe Kollwitz 78jährig in Moritzburg, wo sie zunächst beigesetzt wird. Ihre endgültige Ruhestätte findet sie im September auf dem Zentralfriedhof in Berlin Friedrichsfelde.

Literaturhinweise

Klipstein, August: *Käthe Kollwitz. Verzeichnis des graphischen Werkes.* Bern, New York 1955

Kollwitz, Käthe: *Tagebuchblätter und Briefe.* Hrsg. von Hans Kollwitz. Berlin 1948

Kollwitz, Käthe: *Ich will wirken in dieser Zeit.* Auswahl von Friedrich Ahlers-Hestermann aus den Tagebüchern und Briefen, hrsg. von Hans Kollwitz. Frankfurt a. M., Berlin, Wien 1981

Kollwitz, Käthe: *Aus meinem Leben.* Mit einer Einführung von Hans Kollwitz. München 1961

Kollwitz, Käthe: *Bekenntnisse.* Ausgewählt und mit einem Nachwort von Volker Frank. Leipzig 1981

Kollwitz, Käthe: *Briefe der Freundschaft und Begegnungen.* Hrsg. von Hans Kollwitz. München 1966

Kollwitz, Käthe: *Druckgraphik, Plakate, Zeichnungen.* Hrsg. von Renate Hinz. Berlin 1980

Kollwitz, Käthe: *Die Handzeichnungen.* Hrsg. von Otto Nagel, bearbeitet von Werner Timm. Berlin 1972, Stuttgart 1980

Kollwitz, Käthe: *Ich sah die Welt mit liebevollen Blicken. Ein Leben in Selbstzeugnissen.* Hrsg. von Hans Kollwitz. Hannover 1968

Kollwitz, Käthe: *Das plastische Werk.* Hrsg. von Hans Kollwitz, mit einem Vorwort von Leopold Reidemeister. Hamburg 1967

Kollwitz, Käthe: *Handzeichnungen, Druckgraphik, Skulpturen.* Hrsg. von Elizabeth Prelinger. München 1993

Kollwitz, Käthe: *Die Tagebücher.* Hrsg. von Jutta Bohnke-Kollwitz. Berlin 1989

Krahmer, Catherine: *Käthe Kollwitz in Selbstzeugnissen und Bilddokumenten.* Reinbek 1981

Kuhn, Alfred: *Graphiker der Gegenwart: Käthe Kollwitz.* Berlin 1921

Nagel, Otto: *Käthe Kollwitz.* Dresden 1963

Nagel, Otto: *Die Selbstbildnisse der Käthe Kollwitz.* Berlin 1965

Schmalenbach, Fritz: *Käthe Kollwitz.* Königstein 1965

Schneede, Uwe M.: *Käthe Kollwitz. Das zeichnerische Werk.* München 1981

Singer, Hans W.: *Käthe Kollwitz.* Eßlingen 1908

Timm, Werner: *Käthe Kollwitz.* Berlin 1974, 1980

Weitere Bände aus dieser Reihe zu Kunst und Photographie

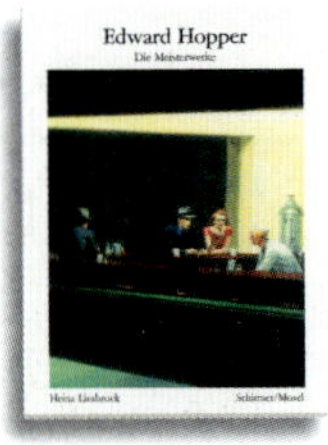

120 Seiten, 40 Farbabb.
ISBN 978-3-88814-276-5

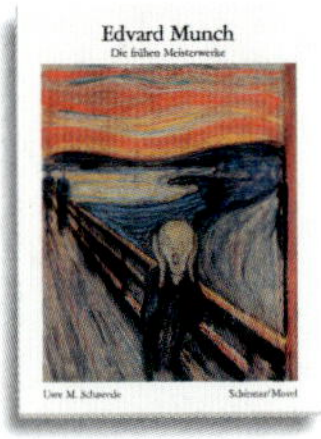

104 Seiten, 34 Farbabb.
ISBN 978-3-88814-277-2

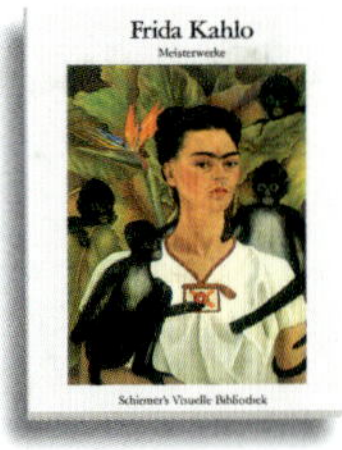

112 Seiten, 43 Farbabb.
ISBN 978-3-88814-382-3

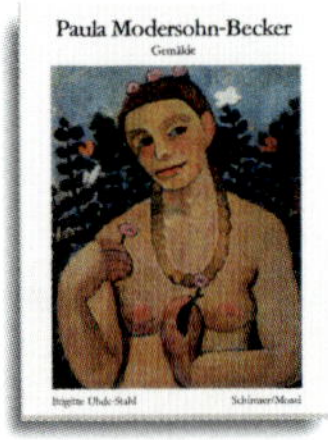

112 Seiten, 40 Farbabb.
ISBN 978-3-88814-413-4

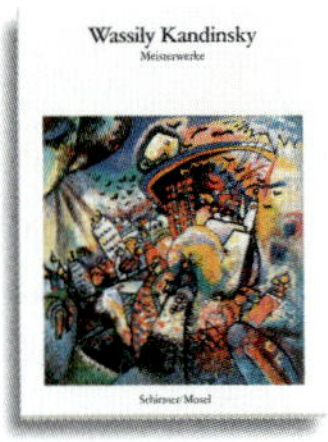

112 Seiten, 37 Farbabb.
ISBN 978-3-8296-0742-1

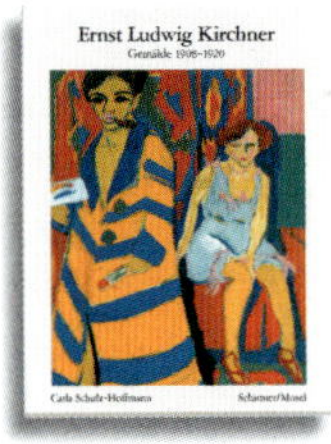

120 Seiten, 40 Farbabb.
ISBN 978-3-8296-0492-5

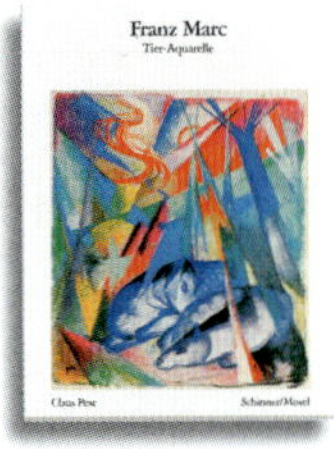

104 Seiten, 40 Farbabb.
ISBN 978-3-8296-0494-9

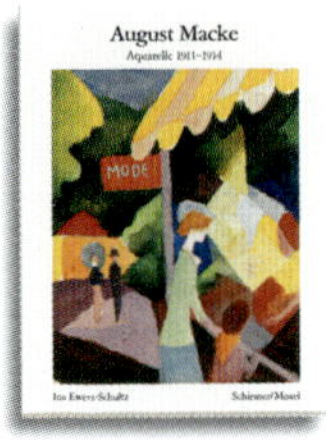

112 Seiten, 40 Farbabb.
ISBN 978-3-8296-0712-4

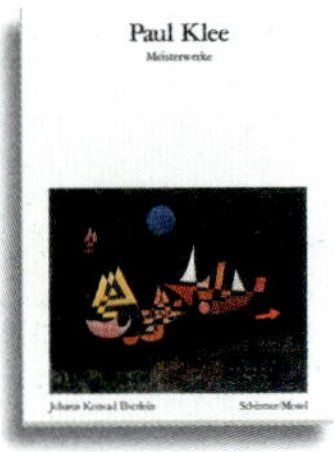

104 Seiten, 40 Farbabb.
ISBN 978-3-8296-0493-2

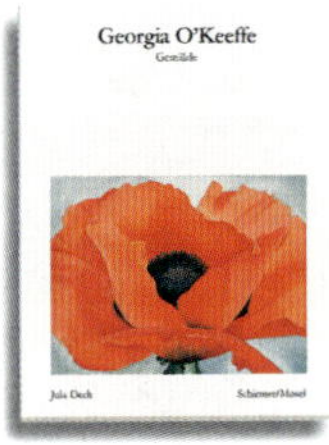

128 Seiten, 39 Farbabb.
ISBN 978-3-8296-1015-5

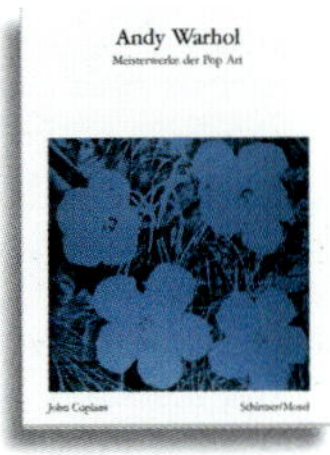

128 Seiten, 75 Farbabb.
ISBN 978-3-8296-0594-6

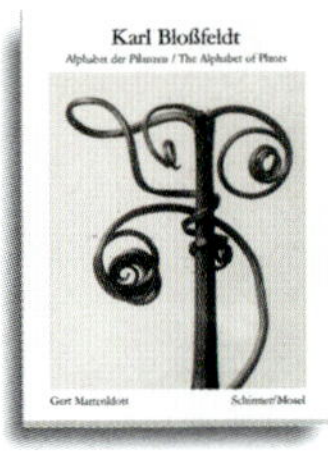

80 Seiten, 44 Duotoneabb.
ISBN 978-3-8296-0912-8

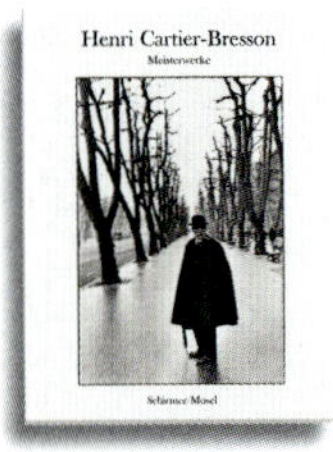

128 Seiten, 52 Duotoneabb.
ISBN 978-3-8296-0149-8

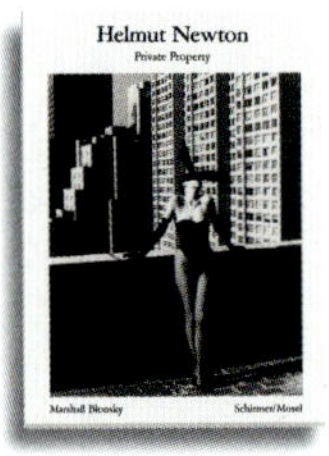

112 Seiten, 45 Duotoneabb.
ISBN 978-3-8296-0911-1

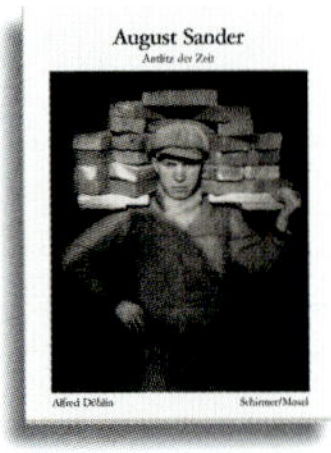

144 Seiten, 60 Duotoneabb.
ISBN 978-3-88814-357-1

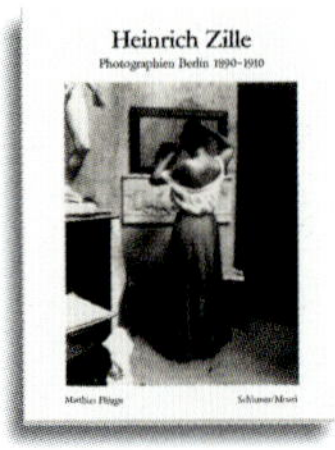

104 Seiten, 71 Duotoneabb.
ISBN 978-3-8296-0138-2